Ellen Arnold

Jetzt versteh' ich das!

Bessere Lernerfolge durch Förderung der verschiedenen Lerntypen

Verlag an der Ruhr

Impressum

Titel der amerikanischen Originalausgabe	The MI Strategy Bank
© der amerikanischen Originalausgabe	©1999 by Zephyr Press, Inc. Tucson, Arizona, USA
Titel der deutschen Ausgabe	**Jetzt versteh' ich das!** Bessere Lernerfolge durch Förderung der verschiedenen Lerntypen
Autorin	Ellen Arnold
Übersetzung	Jutta Mels
Bearbeitung für Deutschland	Verlag an der Ruhr
Druck	Druckerei Uwe Nolte, Iserlohn

Verlag

Verlag an der Ruhr
Postfach 102251 – 45422 Mülheim an der Ruhr
Alexanderstraße 54 – 45472 Mülheim an Ruhr
Tel. 02 08 / 439 54 50 – Fax: 02 08 / 439 54 239
E-Mail: info@verlagruhr.de
www.verlagruhr.de

© der deutschen Ausgabe
Verlag an der Ruhr 2007
ISBN 9783-8346-0298-5

geeignet für | alle Altersstufen

Gedruckt auf chlorfrei gebleichtes Papier.

Die Schreibweise der Texte folgt der neuesten Fassung
der Rechtschreibregeln – gültig ab August 2006.

Inhaltsverzeichnis

Danksagung

Dieses Buch basiert auf der Theorie der verschiedenen Lerntypen von *Howard Gardner*. Manche Begriffe und Beschreibungen stützen sich auf Schriften von *Thomas Armstrong*.

Während der letzten zehn Jahre hatte ich Gelegenheit, Hunderte von Kindern und Jugendlichen zu befragen. Alle Lernstrategien, die in diesem Buch vorkommen, werden tatsächlich von mindestens einem dieser Kinder angewendet. Ich habe mich bemüht, ihren Erfahrungen eine Stimme zu verleihen, denn sie sind die wahren Experten dafür, wie sie denken und lernen.

Dieses Buch fängt die Gedanken von Schülern* aller Altersstufen ein, die an meinen Workshops teilgenommen haben. Ich möchte mich hiermit bei den Schülern bedanken, denn sie haben mir gezeigt, wie man kreativ und mit Hilfe von „starken" Alternativen die Herausforderungen des Lernens bewältigen kann.
Ich widme deshalb dieses Buch ihren Einsichten und ihren Assoziationen.

Während eines Workshops habe ich herausgefunden, wie ältere Lerner, die nicht mit traditionellen Lernmethoden arbeiteten, auf ihre starken Seiten bauten.

Dadurch meisterten sie die Lerntechniken, mit denen man einen guten Schulabschluss schafft. Auch zahlreiche Erwachsene, die meine Workshops besuchten, arbeiteten hinterher mit Lernstrategien, die auf ihren Stärken basierten. Dadurch konnten sie erstaunliche Lernhindernisse überwinden.

Nicht nur Erwachsene und Jugendliche, auch Kinder erlernten gemeinsam verblüffende und fantastische Möglichkeiten, wie sie mit ihren starken Seiten denken und lernen konnten. Ich freue mich sehr, Sie hier an einigen ihrer Lerngeschichten und Ideen teilhaben zu lassen.

Ich möchte mich bei Pam Merritt, Marti Kunst und Ginger Arnold bedanken. Sie haben aufmerksam Korrektur gelesen und Fehler und Mängel entdeckt, die noch zu beheben waren. Ich möchte den Leuten von Literacy Volunteers of the Genese Valley und den Volunteers of America Literacy Project in Rochester, New York, danken; außerdem danke ich den Teilnehmern an zahlreichen Lehrer-Workshops. Ich möchte meinem Mann Dick für seine ständige Unterstützung, Ermunterung und Geduld danken.

Ellen Arnold

---

* Aus Gründen der besseren Lesbarkeit haben wir in diesem Buch durchgehend die männliche Form verwendet. Natürlich sind damit auch immer Frauen und Mädchen gemeint, also Lehrerinnen, Schülerinnen etc.

Jetzt versteh' ich das!

Vorwort

Was ist das Ziel dieses Leitfadens?

Für Kinder u. Jugendliche mit Lernschwierigkeiten kann Lernen aufregend, herausfordernd und bereichernd sein – aber auch enttäuschend. Es ist bezeichnend für diese Kinder u. Jugendliche, dass sie viele übliche Lese- und Schreibtechniken ausprobiert haben, leider meistens vergebens. Die Theorie der verschiedenen Lerntypen, die Howard Gardner entwickelt hat, kann diesen Lernern Mut machen. Sie finden dort individuelle Lernstrategien, die ihnen wahrscheinlich helfen. Wenn Kinder und Jugendliche in etwa wissen, wie sie am effektivsten lernen, können sie zusammen mit ihren Lehrern oder auch ihren Eltern arbeiten und gemeinsam herausfinden, welche Lernstrategie für sie die geeignetste ist.

Gardner unterscheidet acht Lerntypen, die mehr oder weniger in jedem von uns stecken. Wenn wir wissen, wo unsere Stärken und Schwächen liegen, können wir mit unseren starken Seiten die schwächeren ausgleichen und deshalb leichter und erfolgreicher lernen.

Dieser Leitfaden zeigt den Weg dorthin. So können Sie schnell und einfach die vielversprechendsten Lernstrategien für bestimmte Lerntypen herausfinden *(vgl. Übersicht auf Seite 14/15).*

Was sagt die Lernforschung?

Studien und Untersuchungen auf dem Gebiet der Lernforschung zeigen, dass man neue oder schwierige Dinge nicht lernen kann, wenn man nur seine schwachen Lernbereiche benutzt. Wer erfolgreich lernt, verarbeitet oft unbewusst jeden neuen Lernstoff mit seinen starken Bereichen. So kann jemand mit schlechtem Hörgedächtnis, der Telefonnummern leicht vergisst, sich die Nummern aufschreiben und eine farbig gekennzeichnete Telefonliste bei sich tragen. Diese Person überwindet ihr Problem mit einer Merktechnik, die auf sie zugeschnitten

Vorwort

ist, und schöpft dabei aus ihren individuellen Stärken. Viele, die beim Lernen scheitern, stecken in einer Sackgasse. Sie versuchen, mit Methoden zu arbeiten, die zwar bei anderen gut funktionieren, aber eben nicht bei ihnen. Mit jedem Mal, bei dem sie sich vergeblich bemühen, nimmt ihr Glaube an ihre eigenen Fähigkeiten immer mehr ab. Für diese Kinder und Jugendlichen kann es der Schlüssel zum erfolgreicheren Lernen sein, zu erfahren, wie sie mit ihren Stärken arbeiten können. Meine eigenen Untersuchungen zeigen, dass Lerner aller Altersstufen die Herausforderungen des Lernens mit ihren Stärken bewältigen können. Ich habe die Strategien in diesem Leitfaden bei Lernern zwischen 3 und 63 Jahren angewendet. Machen Sie sich damit einfach mit Ihren Kindern und Jugendlichen an die Arbeit und richten Sie sich nach den individuellen Lernvoraussetzungen Ihrer Lerngruppe. Denken Sie aber immer daran, die starken Seiten einzusetzen.

Wie funktioniert dieser Leitfaden?

„Jetzt versteh' ich das!" ist als Hilfsmittel für Lehrer und Eltern gedacht. Es ist nach den **acht Lerntypen Howard Gardners** eingeteilt. In jedem Kapitel sind Lernstrategien aufgezählt, die den jeweiligen Lerntyp erschließen. Die in diesem Buch enthaltenen Gedanken und Unterrichtstechniken stammen aus selbst entwickelten Lese- und Schreibmaterialien und aus Fachbüchern über den Umgang und die Arbeit mit Menschen mit Lernproblemen. Viele Ideen schließlich kommen aus dem Kreis der eigentlichen Experten, nämlich den Hunderten von Lernern, deren Lerngeschichten und -strategien ich begleiten durfte. **„Jetzt versteh' ich das!"** zeigt Ihnen die unzähligen Möglichkeiten, wie Lernen vor sich gehen kann, und führt die Lerner zu den verborgenen Möglichkeiten, die man in allen Lernern findet.

Jetzt versteh' ich das!

Vorwort

Am Anfang jedes Kapitels habe ich ein kurzes Fallbeispiel aufgenommen, das den Lernerfolg eines bestimmten Schülers beschreibt. Der betreffende Schüler hatte jedes Mal große Mühe in der Schule, deshalb brachten ihn die Lehrer zu einem Gespräch zu mir. In solchen Interviews frage ich die Schüler immer, worin sie ihre starken Seiten sehen, und lege diese dann mit ihnen gemeinsam fest. Noch während sie nachdenken und zu entscheiden versuchen, in welchem Intelligenzbereich sie sich am wohlsten fühlen, erfahre ich oft schon viel darüber, wie ich ihnen helfen kann. Diese Fälle habe ich in **„Jetzt versteh' ich das!"** aufgenommen.

Die Schüler konnten erfolgreich ihre Lernblockaden überwinden, indem sie die starken Seiten ihrer Intelligenz benutzten. Doch die Bemühungen der Schüler gehen nicht zwangsläufig Hand in Hand mit ihren Intelligenz-Stärken. Jemand kann z.B. eine starke intrapersonelle Intelligenz haben (d.h. er ist z.B. gerne alleine für sich) und kann gleichzeitig sehr gut vor einer großen Gruppe vorlesen.

Eine kurze Skizze zu jedem Schüler macht den Zusammenhang offenkundig. Ich hoffe, diese Skizzen liefern Ihnen noch weitere Ideen, wie Sie diesen Leitfaden nutzen können. Wenn Sie die Fallbeispiele lesen, denken Sie vielleicht: *„Aber das kann doch nicht wahr sein!"* Doch ich versichere Ihnen, dass sie nicht erfunden sind. Wunder geschehen zwar nicht immer gleich so schnell, doch sie geschehen oft genug. Sie sollten also ständig weiterschauen, um die Strategien zu finden, die bei Ihren Lernern funktionieren.

Wenn Sie und Ihre Kinder und Jugendliche eine persönliche Stärke erkannt haben, dann schauen Sie im Kapitel über den jeweiligen Lerntyp nach. Wenn z.B. ein Kind oder Jugendlicher sagt, er spiele gut Klavier, so können

Vorwort

Sie das Kapitel über den Musik-Lerntyp aufschlagen. Die dort aufgezählten Strategien sind nur als Einstieg gedacht. Sie sollen Ihnen Ideen liefern und Sie zum Nachdenken anregen, damit Sie weitere Alternativen auf dem Weg zum erfolgreichen Lernen entwickeln können. Im gleichen Zuge, in dem Sie und Ihre Lerner sich daran gewöhnen, mit diesem Lerntyp zu lernen, legen Sie sich auch einen persönlichen Vorrat an wirksamen Lernmethoden an. Darin sind auch die Hilfsmittel enthalten, mit denen der Lerntyp entwickelt werden könnte. Die Kinder und Jugendlichen können z.B. Speisekarten benutzen, um auszurechnen, was verschiedene Gerichte kosten, und anschließend können sie noch 10 % Trinkgeld dazuaddieren.

„Was tue ich, wenn ich die Stärken meiner Kinder und Jugendlichen nicht kenne?"

Viele Menschen kennen zwar ihre eigenen Stärken, aber sie wissen oft nichts damit anzufangen. Wir Erwachsenen stellen unverzeihlich oft Vermutungen über unsere Kinder und Jugendlichen an und versäumen es, die eigentlichen Experten zu befragen – nämlich die Kinder und Jugendlichen selbst! Wenn wir sie fragen, wie sie ihr Wissen erlangt haben, wie sie sich ein Hobby angeeignet haben oder auf welche Fähigkeiten sie stolz sind, erhalten wir wichtige Anhaltspunkte dafür, zu welchem Lerntyp sie am stärksten, am schnellsten und am leichtesten Zugang finden. Dafür ist niemand zu jung oder zu alt. Das diagnostische Vorgespräch auf S. 11 bringt Sie wahrscheinlich auf weitere Ideen, wie man Stärken erkennen kann. Tragen Sie die Antworten der Lerner in das Beobachtungsprotokoll auf Seite 16 ein. Dann sollten Sie mit dem Kind oder Jugendlichen darüber reden, welche Art von Lerntyp für ihn am stärksten, schnellsten oder einfachsten ist. Probieren Sie es mit einigen Strategien aus

dem passenden Kapitel. Keinesfalls sollten Sie Strategien verwenden, die unter die schwachen Lerntypen Ihrer Kinder und Jugendlichen fallen, das frustriert nur. Vergessen Sie nicht, dass jeder mehr oder weniger allen acht Lerntypen zugeordnet werden kann. Die Kinder und Jugendlichen müssen also die Antworten auf alle Fragen nicht schon sicher wissen. Hören Sie einfach zu, beobachten Sie und denken Sie darüber nach, was wohl bei der betreffenden Person am besten funktioniert. Scheuen Sie sich nicht, nicht nur über die Inhalte zu sprechen, sondern auch über den Ablauf bestimmter Lerntechniken. Der Lerner ist schließlich der Experte für seinen eigenen Kopf. Sie suchen bloß nach Anhaltspunkten, die Ihnen bei der Auswahl von Materialien und Techniken helfen, mit denen sie anfangen können. Wenn Sie gemeinsam erst einmal das Rezept für die wirkungsvollsten Strategien entdeckt haben, wird der Lernprozess kreativer, erfolgreicher und macht vor allen Dingen viel mehr Spaß.

Diagnostisches Vorgespräch

Diese diagnostischen Fragen dienen mir als Richtschnur, um die bevorzugten und am leichtesten zugänglichen starken Bereiche eines Lerners festzustellen. In das Beobachtungsprotokoll auf S. 16 trage ich Stärken und Schwächen ein und erarbeite dann aus den Ergebnissen Lernstrategien für die einzelnen Lerner. Dazu kreuze ich die passenden Symbole für die starken Intelligenzbereiche an.

Fragen zu persönlichen Stärken

- *„Worin bist du gut?"*
- *„Was machst du gerne (Hobbys, gelegentliche Jobs, Spiele usw.)?"*
- *„Hast du etwas gemacht, worauf du besonders stolz bist? Erzähle mir davon."*

Wenn der Lerner immer nur mit „nichts" antwortet,
dann fragen Sie ihn:

- *„Was würde denn deine Mutter sagen,
  worin du gut bist?"* oder
- *„Wie würden deine Freunde deine starken Seiten
  beschreiben?"*

Beziehen Sie immer sowohl außerschulische als auch
innerschulische Dinge in Ihre Fragen ein.
Bohren Sie so lange nach, bis Sie etwas finden.
Hören Sie auf die Verben und Metaphern, die der
Lerner verwendet. Sie liefern oft den Schlüssel
zu den Stärken eines Menschen.

Fragen zu schwächeren Bereichen

- *„Mit welchen Lernmethoden und Lernaktivitäten
  hattest du große Probleme?"*
- *„Was fällt dir in der Schule am schwersten?"*
- *„Erzähle mir von Lernsituationen, in denen du dich sehr
  bemüht hast, aber einfach nichts hängen geblieben ist."*

Fragen zu effektiven Lernmethoden

- *„Wie hast du diese Dinge gelernt?"*
- *„Welche Fächer oder Kurse fallen dir am leichtesten?"*
- *„Wenn du etwas neu lernst – was gefällt dir dabei
  am besten?"*

Fragen zu bewährten Strategien

- *„Hast du herausgefunden, wie du deine
  Lernprobleme umgehen kannst?"*
- *„Welche deiner Stärken setzt du dabei ein?"*

Fragen zu Merkstrategien

- *„Wie kannst du dir Dinge am besten merken?
  Was hilft dir dabei?"*
- *„Wenn du im Kino warst, was fällt dir dann
  von dem Film am ehesten wieder ein? Die Musik?*

*Die Schauplätze? Die Dialoge? Die Personen?
Die Gefühle? Die Handlung? Die Reihenfolge der
Ereignisse? Die Kostüme?"*

○ *„Was machst du, damit du dir etwas besser
merken kannst?"*

**Fragen zu
Fremdwahrnehmung**

○ *„Was würden deine Lehrer über dich sagen?
Über deine Lerngewohnheiten und deine Arbeitsweise? –
Über deine Schrift? – Über deine Leistungen? –
Über deine Zukunft?"*

○ *„Was würden deine Eltern über dich sagen?
Über deine Arbeitsorganisation? – Ob du bei
der Hausarbeit helfen kannst? – Wie du mit den
anderen Familienmitgliedern zurechtkommst? –
Über Aufgaben, die du besonders gut machst? –
Über deine Interessen?"*

**Fragen zu einem evtl.
angestrebten Beruf**

○ *„Bei welcher Tätigkeit oder welchem Beruf
kannst du deiner Meinung nach deine Stärken
am besten entfalten?"*

○ *„Welche Fähigkeiten würdest du in diesem Beruf
einsetzen?"*

Die Lernstrategien, die kognitiven Stärken entsprechen,
lassen sich am leichtesten und angenehmsten einsetzen.
Die Strategien, die bei deinen schwächeren Bereichen
aufgezählt sind, bereiten meist mehr Mühe und erschei-
nen am Anfang recht schwierig. Jeder sollte zuerst auf
seine Stärken bauen. Wenn man erst einmal etwas Selbst-
sicherheit gewonnen hat, kann man auch Strategien aus
schwächeren Bereichen einbeziehen.

Die Lerntypen

Die verschiedenen Lerntypen und ihre Vorlieben

Musik-Lerntypen

musikalisch-rhythmische Lerntypen
- verbinden Musik mit Gefühlen
- haben ständig Musik im Ohr
- singen vor sich hin
- bewegen sich zu Rhythmen oder klopfen den Takt mit

Bilder-Lerntypen

visuell-räumliche Lerntypen
- legen gerne Puzzles
- zeichnen
- haben ein ausgeprägtes Vorstellungsvermögen
- verwenden Farben
- veranschaulichen in Bildern

Körper-Lerntypen

körperlich-bewegungsbezogene Lerntypen
- bauen
- erleben
- fühlen und berühren
- stellen Dinge her
- bewegen sich

Wörter-Lerntypen

verbal-sprachliche Lerntypen
- lernen gerne neue Wörter
- spielen mit Wörtern
- lesen und schreiben

Jetzt versteh' ich das!

Die Lerntypen

Die verschiedenen Lerntypen und ihre Vorlieben

Zahlen-Lerntypen

logisch-mathematische Lerntypen
- sind exakt und gewissenhaft
- begreifen Zusammenhänge
- haben ein bestimmtes Ziel
- lösen Aufgaben

Ich-Lerntypen

intrapersonelle Lerntypen
- nehmen sich viel Zeit, um über Dinge nachzudenken
- sind gern allein
- sind reflektiert

Menschen-Lerntypen

interpersonelle Lerntypen
- sind gern unter Menschen
- versetzen sich in andere Menschen hinein
- interagieren
- führen und leiten
- lehren und leiten an

Natur-Lerntypen

naturbezogene Lerntypen
- sammeln
- sortieren
- kategorisieren
- mögen Tiere gern
- ziehen Pflanzen

Beobachtungsprotokoll

Lerner: _____

Interviewt von: _____

Datum: _____

Ort: _____

Selbstbeurteilung des Lerners

Stärken

Schwächen

weitere Aktivitäten/hervorzuhebende Gesprächspunkte: _____

_____

Empfehlungen: _____

_____

Jetzt versteh' ich das!

Strategien
für den

Musik-Lerntyp

Musik-Lerntypen haben folgende Vorlieben:

➡ verbinden Musik mit Gefühlen ➡ haben ständig Musik im Ohr
➡ singen vor sich hin ➡ bewegen sich zu Rhythmen
oder klopfen den Takt mit

Fallbeispiel für den Musik-Lerntyp

Lisas Sprechstimme war klar und voll. Sie war schnell zum Lachen zu bringen und brachte auch andere gern zum Lachen. Oft summte sie während des Unterrichts vor sich hin. Sie hatte Freude daran, sich „alberne" Gedichte auszudenken, was ihr oft Ärger im Unterricht einbrachte. Lisa kam gut mit anderen aus, aber ihre schulischen Leistungen waren unzureichend.

Der Musik-Lerntyp

Erprobte Strategien

○ **Lisas** Lehrer ließ sie Gedichte erfinden. Dabei sollte sie die Vokabeln verwenden, die sie auch für den Unterricht brauchte.

○ **Lisa** bekam den Auftrag, auf musikalische Art und Weise den Lernstoff der Klasse zusammenzufassen.

Ergebnisse

○ **Lisa** komponierte Lieder und Gedichte, die zum Unterricht passten. Zusätzlich hatte ihr Lehrer eine positive Atmosphäre geschaffen: **Lisa** durfte auch andere Schüler bei der musikalischen Untermalung der Rückschau mit einbeziehen.

Lisas Leidenschaft für Musik und Humor übertrug sich so auch auf andere. Gerade weil **Lisa** ihre Kreativität in positive Bahnen lenken konnte, störte sie auch viel weniger im Unterricht.

Charakteristische Eigenschaften

○ hört gut zu
○ hat ausgeprägte auditive Fähigkeiten
○ lässt sich leicht von Geräuschen ablenken
○ lernt am besten, wenn die Information gereimt, rhythmisch, als Melodie oder in Klangfolgen ankommt
○ reagiert auf den Tonfall *(bei anderen)*

○ verbindet Begriffe mit Reimen, Gedichten und Musik
○ kann sich Musik und Lyrik gut merken
○ begreift mit Hilfe von Liedern
○ spricht rhythmisch
○ lässt die Stimmbänder mitschwingen, wenn jemand anders singt

Jetzt versteh' ich das!

Bilder-Lerntyp

Körper-Lerntyp

Wörter-Lerntyp

Zahlen-Lerntyp

Ich-Lerntyp

Menschen-Lerntyp

Natur-Lerntyp

Lerntechniken

Kinder und Jugendliche, die am besten mit Klangmustern lernen, könnten Folgendes tun:

- sich von anderen dirigieren lassen
- Musik hören, die sich auf ein Thema oder eine Epoche bezieht
- etwas herunterleiern
- Gedichte schreiben
- summen
- dichten
- singen
- im Takt lesen und schreiben
- zuhören
- Hörbücher anhören
- sich zur Musik bewegen
- Notizen laut vorlesen
- Musik schreiben, die zur Stimmung des Unterrichtsthemas passt
- einstimmen, wenn andere singen
- Klang- und Wortmuster wiederholen
- Wortmuster hören und sie mit der Musik verbinden
- laut lesen und sich dabei auf Band aufnehmen; dann die Aufnahme anhören
- ein Buch laut vorlesen und dabei für sich Silben oder Wörter erschließen
- erst nachdenken und dann eigene Gedanken in Liedern, Worten oder Texten ausdrücken
- sich Lieder suchen, die zu den Lernthemen passen

- Gefühle aussprechen, die sie beim Musikhören empfinden
- eigene Gedanken und neue Vokabeln zu einem selbstgeschriebenen Rap verarbeiten
- Assoziationen zu Klangmustern herstellen
- beim Schreiben oder Zeichnen Musik, Lieder oder Stimmen und Geräusche aus der Natur hören
- Wörter, Begriffe oder Formeln rhythmisch umsetzen
- Sprachregeln mit musikalischen Gesetzmäßigkeiten in Verbindung bringen (z.B. *Tempo, Rhythmus, Reim, Noten*)

Der Musik-Lerntyp

Lesetechniken

- Klänge und Geräusche mit Liedern assoziieren
- konzentrieren auf den Klang von Wörtern
- einprägend lesen (*d.h. genau wiederholen, was jemand vorliest, und dabei auf das geschriebene Wort schauen*)
- Lyrik und Prosa hören
- Phoneme und Grapheme beherrschen und die Laute phonetisch mischen
- Laute nachahmen, die der Lehrer vorspricht

- nach der Musik lesen
- ein Lernprogramm benutzen, das Laute über Musik vermittelt
- laut in der Gruppe lesen
- beim Lesen im Hintergrund Musik laufen lassen
- jemand anderen vorlesen lassen und dann nachahmen
- den auditiv-phonetischen Lernkanal benutzen und sich auf Klang und Klangwiedergabe konzentrieren

Notiertechniken

- Wortassoziationen, die nach einem Lied gedichtet sind, als Merkhilfe benutzen
- Notizen in Reimen, Gedichten oder Liedern aufschreiben, auch mehrmals

- beim Liederhören Verse schreiben
- Abkürzungen ausdenken, die musikalische Zeichen enthalten

Schreibtechniken

- eine mnemotechnische Lernhilfe (*Eselsbrücke*) für lautzerlegendes Schreiben entwickeln und wiederholen
- Gefühle, Handlung und Bedeutung ausgewählter Musikstücke beschreiben
- Wörter erst singen, dann schreiben

- klassische Musik beim Schreiben einsetzen
- Geschriebenes auf Tonfall, Klang oder Rhythmus untersuchen
- über berühmte Musiker schreiben
- Lyrik statt Prosa schreiben

Jetzt versteh' ich das!

Bilder-Lerntyp

Körper-Lerntyp

Wörter-Lerntyp

Zahlen-Lerntyp

Ich-Lerntyp

Menschen-Lerntyp

Natur-Lerntyp

Rechtschreibtechniken

- verschiedene Musikinstrumente auf bestimmte Vokale oder Konsonanten abstimmen
- die Anzahl der Laute *(Phoneme)* zählen oder klopfen
- die Zahl der Silben auszählen oder klopfen
- ein Lied oder Gedicht mit einer bestimmten Buchstabenfolge schreiben

- Buchstaben laut wiederholen und das Wort nach der Musik schreiben
- laut buchstabieren und dadurch prüfen, ob die Buchstabenfolge richtig klingt

Mathe-Lerntechniken

- Zahlen mit Klangmustern verknüpfen
- ein Lied mit Zahlen schreiben
- einen Rap schreiben und dabei Zahlen verwenden
- jeder Zahl einen bestimmten Ton zuordnen *(z.B. c = 1, d = 2)*, dann entsprechend singen
- bekannte Lieder lernen, in denen Zahlen vorkommen
- Brüche mit dem musikalischen Zeichensystem gleichsetzen

- rechnerische Fakten *(wie z.B. das „1x1")* in einem bestimmten Rhythmus auf Band aufnehmen
- Formeln über die Töne des Telefon-Tastenblocks einprägen
- Verse schreiben zu einem Lied, das beim Mathemerken hilft
- mit einem Metronom arbeiten, um den Takt zu halten oder zu zählen
- Audiokassetten
- Musik für Kinder

Hilfsmöglichkeiten zur Weiterentwicklung

- Fernsehwerbung
- Gedichte
- Poesie
- Kinderreime
- Musikinstrumente

- klassische Musik *(Mozart)*
- Musiktheater
- Notenbücher
- Rapsongs

- Orff'sche Instrumente *(erzeugen Klangmuster)*
- Liederbücher
- Titelsongs

Der Musik-Lerntyp

Was tun bei Lernfrust?

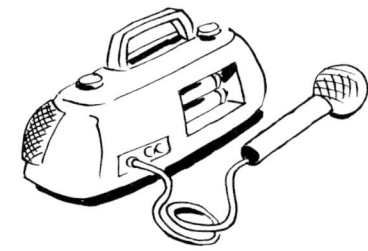

- einen besonders musikalischen Kollegen um Hilfe bitten
- in der Schule Aufgaben übernehmen, die mit Musik und Sound zu tun haben
- eine CD oder Kassette anhören
- untersuchen, welche Musik beruhigend wirkt
- sich selbst mit Musik belohnen
- an einer Talentshow teilnehmen
- an ein Lied denken, das die Stimmung verändert
- Rapsongs z.B. gegen Gewalt schreiben

Konfliktlösungsstrategien

- ein Musical ausdenken, in dem Personen Konflikte lösen
- Lieder suchen, in denen es um Streitschlichten und Konfliktlösen geht
- bestimmte Verhaltensschemata in Musik umsetzen (d.h. Konflikt, Lösung durch Sound)
- einen Rap schreiben und vorführen, der den Streitfall und das Ergebnis enthält
- Musik schreiben, die Gefühle ausdrückt, welche bei friedlichen Konfliktlösungen aufkommen

Wie der Musik-Lerntyp im Unterricht aufpassen kann

- „die Ohren spitzen", indem man die Hand zur Unterstützung dahinter hält
- auf Reime hören
- auf den Tonfall oder den Akzent des Sprechers hören
- Reime zum Unterrichtsmaterial ausdenken
- im Geist musizieren
- im Geist singen
- mit den Fingern klopfen
- mit den Füßen wippen

Jetzt versteh' ich das!

Strategien
für den

Bilder-Lerntyp

Bilder-Lerntypen haben folgende Vorlieben:

- ▪ haben ein ausgeprägtes Vorstellungsvermögen ▪ legen gerne Puzzles
- ▪ zeichnen ▪ verwenden Farben ▪ veranschaulichen in Bildern

Fallbeispiel für den Bilder-Lerntyp

Lukas *malte besonders gern sehr detailgenaue Bilder und hatte eine lebhafte Vorstellungskraft. Er liebte Fantasie-Spiele und ließ sich sehr gern vorlesen. Er konnte sich das Aussehen der Buchstaben nicht merken. Im Unterricht träumte* *Lukas* *vor sich hin und geriet immer mehr ins Hintertreffen. Seine Leistungen im Rechtschreiben und Lesen entsprachen nicht den Anforderungen der Klassenstufe.*

Der Bilder-Lerntyp

Erprobte Strategien

- **Lukas** Lehrerin ließ ihn Formen entwerfen für die Buchstaben, mit denen er Schwierigkeiten hatte.
- **Lukas** benutzte farbige Textmarker oder Pfeifenreiniger und konnte so ganz leicht optische Assoziationen herstellen, die für ihn hilfreich waren.

Ergebnisse

- **Lukas** formte sich für ihn schwierige Buchstaben aus Pfeifenreinigern. Diese klebte er auf ein Blatt Papier und malte passend zu den Buchstaben ein Bild, das mit dem Buchstaben anfängt.
- Da er sich den Unterschied zwischen „in" und „an" nicht merken konnte, bildete er die nebenstehenden Figuren.
- **Lukas** Mutter kaufte ihm auch für zu Hause eine Packung Pfeifenreiniger; sein aktiver Wortschatz und die Rechtschreibung verbesserten sich merklich.

Charakteristische Eigenschaften

- denkt sich Bilder aus
- beschreibt in lebendigen Einzelheiten
- träumt viel in Farben
- hat eine ganze Kartei im Kopf
- hat einen ausgeprägten Orientierungssinn
- hat ein gutes Farbempfinden
- lernt, indem er Bilder miteinander verbindet
- muss Informationen sehen können
- blättert Bilder durch, die er im Kopf hat
- plant und arbeitet gern mit grafischen Strukturen
- hat gerne ein Modell vor sich
- merkt sich Bilder besser als Wörter
- dreht Formen im Kopf um
- benutzt lieber Landkarten als Wegbeschreibungen
- skizziert, entwirft und entwickelt grafisches Organisationsmaterial, um Wortbedeutungen mit Bildern zu veranschaulichen

Jetzt versteh' ich das!

Musik-Lerntyp

Bilder-Lerntyp

Körper-Lerntyp

Wörter-Lerntyp

Zahlen-Lerntyp

Ich-Lerntyp

Menschen-Lerntyp

Natur-Lerntyp

Lerntechniken

Kinder und Jugendliche, die am besten durch Sehen oder Veranschaulichen lernen, könnten Folgendes tun:

- mit Hilfe von Abbildungen Beziehungen durchschauen
- Zeitleisten oder Handlungskurven von Geschichten zeichnen
- erst verbildlichen, was gesagt werden soll, beschreibende Begriffe auflisten und dann nachher beim Erzählen verwenden
- Notizen oder eine Geschichte nach Farben aufgliedern
- Gedanken und Einfälle in einem Schaubild darstellen
- Modelle betrachten
- Cartoons zeichnen
- Männchen malen
- einen Einfall als Comic-Strip zeichnen
- Bilder zu einer Geschichte malen
- eine Materialsammlung für Geschichten anlegen
- untersuchen, wie in verschiedenen künstlerischen Ausdrucksformen und Medien kommuniziert wird
- Bilder zu Lerninhalten suchen und beschreiben
- Bilder suchen, die Begriffe veranschaulichen
- **Mind-Maps®** anlegen (s. Glossar, S. 77)
- Rate- und Malspiele machen
- Laubsägepuzzles entwerfen und anfertigen
- Landkarten lesen
- für sich lesen und sich dabei Bilder vorstellen
- Grafiken betrachten
- Gegenstände oder Vorführungen betrachten
- Gefüge erkennen
- unterstreichen mit verschiedenen Farben
- aus Schaubildern, Karten und Diagrammen lesen
- Informationen mit Kamera oder Camcorder aufnehmen
- mit farbigen Textmarkern Wortteile und Sätze hervorheben
- per Computer optische Checks durchführen, z.B. mit Rechtschreib- oder Grammatikprüfprogrammen
- bebilderte Anleitungen verwenden
- fertige oder selbst erstellte grafische Organisationsmaterialien verwenden (vgl. Glossar, S. 75/77)
- Formen von Wörtern und Buchstaben bildlich darstellen und so Lesen und Rechtschreiben üben
- bei einem Rollenspiel zuschauen
- ein Video zu einem bestimmten Fachthema anschauen

Der Bilder-Lerntyp

- Wörter mit verschiedenen Buchstaben-farben aufbauen
- Informationen auf Overhead-Projek-toren und Tafeln aller Art lesen
- im Geist Bilder entstehen lassen, wenn jemand spricht oder vorliest
- ein Bilderbuch zusammen mit einem Freund, der gern schreibt, gestalten
- sich einen Überblick verschaffen; zuerst das große Bild ins Auge fassen
- wichtige Dinge gestalterisch hervor-heben
- Bilder anschauen, zuerst die Bild-unterschriften lesen und dann erst den Text

Lesetechniken

- zwei ähnliche Wörter wie z.B. Hund und Hand auf Kärtchen schreiben, optische Unterschiede und Gemein-samkeiten herausfinden und die Abweichungen farbig markieren
- bestimmte Wörter oder Buchstaben-folgen aus vielen verschiedenen Zusam-menhängen, Schrift- und Druckarten oder Medien heraussuchen
- Formen von Wörtern heraussuchen *(kleine und große Buchstaben, Unter-zeilenbuchstaben)*
- farbige Transparentfolie zurecht-schneiden und über die Schrift legen
- neue Wörter mit der **Fernald-Methode** einprägen *(s. Glossar, S. 76)*
- mit Finger, Lineal und Stift auf Buch-staben, Wörter oder Sätze zeigen
- optische Schemata erkennen und mit früherem Lernstoff verknüpfen *(z.B. ein Notizbuch mit alphabetischem Register)*
- eigene Lesezeichen mit optischen Merkhilfen für Wörter bzw. Buchstaben anfertigen, das erhöht den Kontrast zwischen Text und Papier
- eine Wörtersammlung anlegen und beim Lesen ergänzen
- Stammwörter und Wortfamilien suchen
- auf konkrete Wörter konzentrieren
- Prognosen mit Hilfe von Bildern stellen
- bestimmte Laute farbig hervorheben
- Textmarker benutzen
- Wortkärtchen dem Text zuordnen
- ein Wort aus dem Kopf malen
- Schlüsselwörter nach ihrer Form heraussuchen
- farbige Schnellmerk-Karteikarten benutzen
- Bilder mit Wörtern/Lauten verbinden
- Wörter in einem eigenen Wörterbuch aufschreiben

Jetzt versteh' ich das!

Musik-Lerntyp

Bilder-Lerntyp

Körper-Lerntyp

Wörter-Lerntyp

Zahlen-Lerntyp

Ich-Lerntyp

Menschen-Lerntyp

Natur-Lerntyp

Notiertechniken

- grafisches Organisationsmaterial, wie Diagramme, Schaubilder, Symbole etc. benutzen
- nach der **Cornell-Methode** vorgehen (s. Glossar, S. 75)
- Informationen auf Folie oder an der Tafel lesen
- Notizen farbig kennzeichnen
- aussagekräftige Strichmännchen ausdenken
- schon beim Zuhören im Geist Bilder malen, sie dann später notieren

- eigene Symbole als Abkürzungen ausdenken
- Kurzschriftzeichen lernen
- Wortbedeutungen mit Bildern verknüpfen
- Notizen machen in Form von Bildern
- vorbereitete Notizblätter benutzen

Schreibtechniken

- für verschiedene Schreibarbeiten unterschiedliche Stifte und Farben verwenden
- Gedanken erst als Bild aufzeichnen, dann schriftlich ausarbeiten
- Bildkarten zu wichtigen Schlüsselwörtern bereithalten
- farbige Textmarker oder Schablonen verwenden, um die einzelnen Teile der Schreibarbeit aufzugliedern
- einen konkreten Fixpunkt bildlich beschreiben
- zuerst die Schauplätze und die Kostüme ausdenken, bevor man eine Geschichte schreibt

- erst ein **Cluster** (s. Glossar, S. 75) für die Kerngedanken anlegen und dann darüber schreiben
- Dinge fotografieren, über die man schreiben will
- ein Bild malen und darüber schreiben
- Schlüsselbegriffe farbig hervorheben

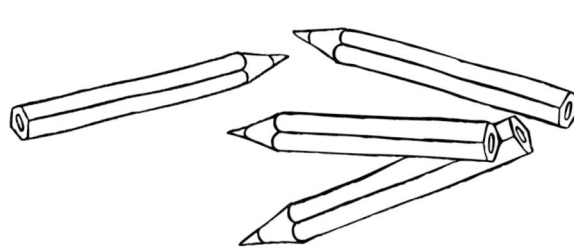

Der Bilder-Lerntyp

Rechtschreibtechniken

- das Wort aus Plättchen, Filz- oder Plastikbuchstaben aufbauen, wieder durcheinanderwerfen und neu aufbauen
- ein Bild malen und dabei die Form eines Buchstabens benutzen
- suchen, wo überall im Umkreis sich Buchstabenformen verstecken
- gezielt auf die verschiedenen Buchstabenformen im Wort achten

- große und kleine Buchstaben, Buchstaben mit Ober- und Unterlängen identifizieren
- sich das Wortbild einprägen
- farbige Buchstaben und farbige Textmarker verwenden
- aus Pfeifenreinigern Buchstaben formen
- ein Wort in verschiedenen Farben schreiben oder verschiedenartige Materialien und Medien benutzen

Mathe-Lerntechniken

- Zahlen nach Farben kennzeichnen
- Mengen als Block oder Linie darstellen
- ein Mathe-Bilderbuch entwerfen
- Zahlenmengen im Geist vor sich sehen
- zuschauen, wie sich die Zahlen bewegen, miteinander verbinden und verändern
- Formen für Zahlen einsetzen (3 = Dreieck)
- mit einem Abakus (Rechenbrett) arbeiten
- interaktive Rechenspiele am Computer spielen
- dreidimensionales Anschauungsmaterial wie Mehrsystemblöcke oder Cuisenaire-Stäbchen verwenden
- ein Bild mit Zahlen und ihren wechselseitigen Beziehungen malen

- eine Zahl mit einem Objekt assoziieren (2 = ein Mensch mit 2 Beinen, 4 = ein Hund mit 4 Beinen)
- genau zuschauen, wie jemand an eine Rechenaufgabe anders herangeht

Jetzt versteh' ich das!

Musik-Lerntyp

Bilder-Lerntyp

Körper-Lerntyp

Wörter-Lerntyp

Zahlen-Lerntyp

Ich-Lerntyp

Menschen-Lerntyp

Natur-Lerntyp

Hilfsmöglichkeiten zur Weiterentwicklung

- Baupläne
- Landkarten
- Kunstkataloge
- Kunsteinrichtungen
- Museen für Kinder
- CD-ROMs
- Internet
- Fotografien
- Bilder
- bebilderte Reisekataloge und -berichte
- Läden für Kunstgewerbe und Handwerk
- grafische Organisationsmaterialien, wie Schaubilder, Diagramme und Symbole

- Videos zu bestimmten Themen
- Bildkarten als Materialsammlung für Geschichten
- Postkarten
- Werbeanzeigen

Was tun bei Lernfrust?

- Bilder malen über die eigenen Gefühle
- herausfinden, was eine harmonische Umgebung ausmacht, und sie bildlich darstellen
- sich vorstellen, völlig ruhig und ausgeglichen zu sein
- Kunsttherapie-Angebote nutzen

- Gefühle mit einer Farbe oder mit einem Kunstwerk in Verbindung bringen
- Stress mit Hilfe bildhafter Vorstellungen abbauen
- sich einen sicheren, friedlichen Ort bildlich vorstellen

Der Bilder-Lerntyp

Konfliktlösungsstrategien

- Farben aussuchen, die die einzelnen Phasen der Konfliktlösung symbolisieren
- Schritte auf dem Weg zur Konfliktlösung als **Flussdiagramm** (s. Glossar, S. 76) darstellen
- sich noch einmal bewusst vor Augen führen, wie sich die Körpersprache im Laufe des Konfliktlösungsprozesses verändert
- sich eine Welt ohne Konflikte vorstellen
- sich selbst in einer stressfreien Szenerie malen; dabei genau auf die Umgebung achten und sich an Einzelheiten erinnern, die auch während eines Konflikts für Entspannung sorgen können
- ein Video anschauen, in dem es ums Konfliktlösen geht
- einen Konfliktfall auf Video aufnehmen und dann untersuchen, was gut ging oder nicht
- einen Konflikt in einer Fernsehsendung anschauen und ihn dann analysieren

Wie der Bilder-Lerntyp im Unterricht aufpassen kann

- Farbe bewusst einsetzen
- Strichmännchen, Cartoons zeichnen
- in die Formen des Raums entfliehen
- sich auf optische Verstärker konzentrieren
- bebildern, ausmalen
- Fixpunkte im Raum suchen
- nach Mustern Ausschau halten
- Notizen in eigenen Hieroglyphen, Abkürzungen oder Symbolen machen
- die Körpersprache des Sprechers gezielt beobachten

Jetzt versteh' ich das!

Strategien
für den

Körper-Lerntyp

Körper-Lerntypen haben folgende Vorlieben:

▶ bauen ▶ erleben ▶ fühlen und berühren
▶ stellen Dinge her ▶ bewegen sich

Fallbeispiel für den Körper-Lerntyp

Philipp war aktiv im Unterricht. Er hatte den schwarzen Gürtel in Karate und spielte ausgezeichnet Fußball. Er war zappelig im Unterricht, beantwortete aber alle Fragen sofort, wenn er aufgerufen wurde.

Phillipp hatte eine schlampige Handschrift. Er las langsam und ungenau; Lesen war ständig frustrierend für ihn. Er versagte gewöhnlich und zog sich zurück, wenn er sich etwas einprägen sollte.

Der Körper-Lerntyp

Erprobte Strategien

- **Philipp** arbeitete bald mit Pfeifen-
  reinigern während des Unterrichts.
  Er rollte und drehte sie oder baute
  damit kleine Dinge, die etwas mit dem
  Unterrichtsstoff zu tun hatten.
  Die Pfeifenreiniger machten keine
  Geräusche und Philipp konnte sie
  ständig bei sich tragen.

- **Philipp** holte
  allmählich auf, wenn
  er zu Hause las oder
  wiederholte.

Ergebnisse

Philipp war weniger zappelig im Unterricht. Er störte weniger. Der Lehrer benutzte oft seine Pfeifenreinigerfiguren,
um ein Stoffgebiet zu wiederholen.
Als die Klasse z.B. die Industrialisierung
besprach, formte **Philipp** eine Gruppe
kleiner Quadrate aus Pfeifenreinigern,
die die Bevölkerungsdichte und eine
Fabrik darstellten. Da er sich jetzt während des Lernens bewegte, verbesserten
sich **Philipps** Merkfähigkeit und auch
seine Leistungen in Prüfungen und Tests.

Charakteristische Eigenschaften

- macht viele verschiedene Dinge
  (*Theaterspielen, Malen, Sport*)
- drückt durch Bewegung aus,
  was er kann
- ist aktiv
- ist sportlich
- ist ein guter Schauspieler
- ist voller Energie

- ist immer mit dem Körper dabei
- lernt am besten, wenn er unmittelbar
  tun kann, was er lernen soll
- liebt Abwechslung
- stellt Dinge her
- kann am besten nachdenken, wenn
  sein Körper dabei in Bewegung ist

Jetzt versteh' ich das!

Lerntechniken

Musik-Lerntyp

Bilder-Lerntyp

Körper-Lerntyp

Wörter-Lerntyp

Zahlen-Lerntyp

Ich-Lerntyp

Menschen-Lerntyp

Natur-Lerntyp

Die folgenden Tätigkeiten und Strategien setzen die Stärken des Lerners, der sich bewegen und spüren muss, am besten um:

- praktisch arbeiten und lernen
- mit dem Körper Figuren bilden
- kochen
- aus dem Unterrichtsstoff ein Brettspiel entwickeln
- künstlerische Projekte durchführen
- Notizen schneiden und zusammenkleben
- tanzen
- beim Autofahren oder Spazierengehen auf Band diktieren
- wenig auf einmal machen und aktive Bewegungspausen einlegen
- experimentieren
- praktische Tätigkeiten ausführen
- Dinge zeichnen, die mit Sport zu tun haben
- sich mit dem Körper ausdrücken
- etwas in der Hand halten oder drücken (Knautschball, Handpuzzle, Ton)
- sich durch Körperbewegungen besser verständlich machen, Pantomime
- sich mit körperlichen Betätigungen oder Sport belohnen
- aufstehen und an die Tafel schreiben
- lernen durch sportliche Bewegungsabläufe
- Umrisse auf eine große Tafel skizzieren
- beim Lesen das Buch hin- und herbewegen

- Aufgaben an verschiedenen Stationen erledigen
- häufig üben
- Rollenspiele durchführen
- nach draußen an die frische Luft gehen
- mit den Zehenspitzen gegen die Innenseite des Schuhs klopfen, sodass es niemand hört
- Tastatur oder Schreibmaschine verwenden
- Zeichensprache benutzen
- beim Reden laufen
- beim Lesen gehen
- ein Stück schreiben und es aufführen
- beim Lernen hüpfen, hopsen, klatschen, springen
- Gedanken auf Karteikarten schreiben, damit man sie handhaben kann
- sich sportlich bewegen, wenn man über einen Lerninhalt nachdenkt

Der Körper-Lerntyp

Lesetechniken

- sich hineinversetzen, wie die Verben sich „anfühlen"
- einzelne Gedanken mit einer körperlichen Bewegung verbinden
- jedes Wort spüren, wenn man es spricht (**Fernald-Methode**, s. Glossar, S. 76)
- Wörter aus Ton, Pappe, Filz und Pfeifenreinigern formen
- die Buchstaben und/oder Wörter mit dem Finger nachfahren, wenn sie laut vorgelesen werden
- mit der Tastatur schreiben
- über den körperlichen Zustand der handelnden Person nachdenken
- sich vorstellen, was sich bewegt, wenn z.B. ein Eiswürfel schmilzt
- das Wort beim Lesen abpausen
- aus Wortkärtchen Sätze bilden
- nach der **Orton-Gillingham-Methode** vorgehen (s. Glossar, S. 78)
- mit dem Körper die Buchstaben nachformen
- Scrabble-Steine oder Plastikbuchstaben verwenden
- beim Lesen mit dem Finger, einem Pointer oder einem Stift auf das Wort zeigen
- in Rasierschaum schreiben (auf den Tisch aufsprühen, schreiben, wegwischen)
- Wortkärtchen mischen und sinnvoll wieder anordnen
- betontes Lesen durch den Einsatz von Mimik und Gestik
- in die Luft schreiben oder jemandem auf Arme oder Rücken schreiben

Notiertechniken

- mit der Tastatur schreiben
- etwas herstellen, was den vorgetragenen Lernstoff darstellt
- Notizen nochmals abschreiben
- während des Zuhörens schreiben (die Schreibbewegung hilft beim Konzentrieren)

Jetzt versteh' ich das!

Musik-Lerntyp

Bilder-Lerntyp

Körper-Lerntyp

Wörter-Lerntyp

Zahlen-Lerntyp

Ich-Lerntyp

Menschen-Lerntyp

Natur-Lerntyp

Schreibtechniken

○ etwas schauspielerisch darstellen, dann niederschreiben

○ Sätze aus Plastikbuchstaben oder Wortstreifen bauen

○ bei Bewegungsübungen Gedanken entwickeln

○ mit der Tastatur schreiben

○ für jedes Graphem spezielle Bewegungen mit dem Schreibstift einüben (**Phonemische Analyse**, s. Glossar, S. 78)

○ Ideen auf Kartei-karten oder Haft-zettel schreiben und die Reihenfolge gezielt variieren

Rechtschreibtechniken

○ Gegenstände aus verschiedenen Materialien bauen

○ Wörter mit Ton, Plastikbuchstaben, Scrabble-Steinen oder Filztafeln aufbauen

○ mit mehreren Sinnen wahrnehmen

○ Buchstabensprache mit den Fingern einsetzen

○ mit Körperbewegungen Buchstaben formen

○ mit Pfeifenreinigern Wörter aufbauen

○ nach der **Fernald-Methode** vorgehen (s. Glossar, S. 76)

○ Wörter mit Rasierschaum o.Ä. auf den Tisch oder in Sand schreiben

Der Körper-Lerntyp

Mathe-Lerntechniken

- mit den Fingern zählen
- Zeichensprache für Zahlen erlernen
- Zahlen mitklopfen oder -klatschen
- Plastikzahlen verwenden
- Zahlen in Ton oder Sand schreiben
- Zahlen mit verschiedenen Körperteilen darstellen
- für jede Zahl eine bestimmte Bewegung ausdenken
- auf Erkundung gehen und Vorstellungen von Zahlen vor Ort suchen (*wie viele Sitzgruppen in der Aula?*)

- beim Zählen Dinge bewegen (*Stäbchen, Abakus*)
- Bewegungserfahrungen zu Textaufgaben verarbeiten
- Fragestellungen und Lösungen schauspielerisch darstellen
- Aufgaben mit Gegenständen aufbauen
- verschiedene Plätze im Klassenzimmer mit bestimmten Zahlen verbinden
- Aufgaben mit Hilfe von Dingen lösen, die man anfassen und handhaben kann

Hilfsmöglichkeiten zur Weiterentwicklung

- Dinge, die man handhaben kann
- Gruppenaktivitäten
- alles, was gegenständlich oder beweglich ist
- angeleitete Erkundungen
- Ausflüge ins Freie, Wanderungen
- praktische Erfahrungen, z.B. erlebnisorientierte Museen

- Sport wie: Leichtathletik, Turnen, Tanzen etc.
- Körperskulpturen
- nachgebaute Modelle
- praktische Übungen
- Pfadfinderei

Jetzt versteh' ich das!

Musik-Lerntyp

Bilder-Lerntyp

Was tun bei Lernfrust?

Körper-Lerntyp

Wörter-Lerntyp

Zahlen-Lerntyp

Ich-Lerntyp

Menschen-Lerntyp

Natur-Lerntyp

○ Aufgaben übernehmen, bei denen man in Bewegung sein muss, z.B. Fußböden wischen, Eintrittskarten stempeln, im Aufenthaltsraum Aufsicht führen

○ vor der Stillarbeitszeit erst Bewegungsübungen machen

○ während einer Arbeitsaufgabe etwas zum Jonglieren, Festhalten oder Drücken dabeihaben

○ am Ende des Tisches sitzen, damit das Hin- und Herwackeln die Mitschüler weniger stört

○ vor einer geregelten Arbeitssituation erst in die Turnhalle oder nach draußen gehen

○ nach beendeter Arbeit ein Spiel oder etwas zum Herumspielen bereithalten

Konfliktlösungsstrategien

○ mit Armen und Händen Waagschalen bilden und im Geist die Konfliktursachen in eine Waagschale legen und die Auswirkungen in die andere

○ sich auf die Körpersprache der anderen konzentrieren

○ bei **Sofort-Gesprächen** mitmachen (s. Glossar, S. 79)

○ Rollenspiele durchführen

○ sich an ähnliche frühere Körper- und Bewegungserfahrungen erinnern

Der Körper-Lerntyp

Wie der Körper-Lerntyp im Unterricht aufpassen kann

- Fragen stellen, um wach und aufmerksam zu bleiben (*Hand heben, Lippen bewegen*)
- Körperhaltung verändern
- Sitzplatz wechseln, hin- und herrücken
- Kaugummi kauen
- Übungen zur An- und Entspannung durchführen
- Männchen malen
- viel Mineralwasser trinken
- kleinere gesunde Zwischenmahlzeiten zu sich nehmen
- mit etwas herumspielen, ohne die Mitschüler abzulenken
- sich dehnen und strecken
- auf die Schenkel klopfen
- Däumchen drehen
- gähnen

Jetzt versteh' ich das!

Strategien
für den

Wörter-Lerntyp

Wörter-Lerntypen haben folgende Vorlieben:

▸ lernen gerne neue Wörter ▸ spielen mit Wörtern

▸ lesen und schreiben

Fallbeispiel für den Wörter-Lerntyp

Julia lernte sehr gerne Vokabeln. Sie spielte voller Begeisterung Wortspiele (Ich sehe was, was du nicht siehst, und das beginnt mit ...). Lesen machte ihr großen Spaß. Sie erfand ständig neue Wörter, die besser klangen als das ursprüngliche Wort (*„bunterkunt" statt „kunterbunt"). Liedertexte konnte sie sich ganz leicht merken, obwohl sie mit der Melodie Probleme hatte. Beim Schreiben war Julia jedoch nicht gut und schnell genug, weil sie ständig neue selbsterdachte Wörter einfügte.*

Der Wörter-Lerntyp

Erprobte Strategien

- **Julias** Lehrerin ließ sie eine Wortschatz-sammlung mit Synonymen benutzen.
- So legte **Julia** vor dem Schreiben zuerst einen Wörtervorrat an, eine Art Brain-storming.
- **Julia** schrieb am PC, sodass sie ständig weglöschen und überarbeiten konnte, ohne das Heft zu beschädigen.

Ergebnisse

Julia erweiterte ihren schriftlichen und mündlichen Wortschatz. Sie kreierte jetzt neue Wörter für ihre Mitschüler und schrieb Beiträge für die Schülerzeitung.

Charakteristische Eigenschaften

- lernt durch Hören, Lesen und Schreiben
- lernt durch sprachliches Herleiten
- liest gern
- redet gern
- kann gut zuhören
- kommt leicht mit Sprache zurecht

- versteht mündliche und schriftliche Vorführungen ohne Probleme
- schneidet auf traditionellen akademischen Gebieten meist gut ab

Jetzt versteh' ich das!

Lerntechniken

Musik-Lerntyp

Bilder-Lerntyp

Körper-Lerntyp

Wörter-Lerntyp

Zahlen-Lerntyp

Ich-Lerntyp

Menschen-Lerntyp

Natur-Lerntyp

Folgende Tätigkeiten und Lernstrategien schöpfen die Stärken des Lerners am besten aus, der besonders gut denken kann, wenn er liest oder auf Sprache hört:

- Briefe an Freunde schreiben und darin beschreiben, was man gerade lernt
- Notizen machen oder Notizen nochmals ordentlich abschreiben
- Geschriebenes analysieren
- sich aktiv an Gruppen beteiligen, die mit Lesen zu tun haben
- Lerninformationen beschreiben
- auf Band diktieren
- Arbeitsblätter ausfüllen
- fremde Texte überarbeiten
- Informationen erläutern
- **Freies Schreiben** (s. Glossar, S. 76)
- Informationen hören
- Aufzeichnungen führen
- Notizen mehrmals lesen
- Geschichten nacherzählen
- im Internet surfen
- Geschichten in Worten skizzieren
- sich immer reichlich mit Lesestoff aller Art versorgen
- nochmals lesen, was man selber geschrieben hat
- die **Cornell-Methode** anwenden (s. Glossar, S. 75)
- mnemotechnische Hilfen (Eselsbrücken) benutzen

- im Zusammenhang mit einer Geschichte lernen
- Projektarbeit machen und Berichte darüber schreiben
- Wortschatzsammlung mit Synonymen benutzen
- Texte und Drehbücher für Spielszenen schreiben
- Rechtschreib- und Grammatikprüfprogramme einsetzen

Der Wörter-Lerntyp

Lesetechniken

- im Internet surfen
- Wortschatzvorräte anlegen
- immer ein Wörterbuch dabeihaben
- Wörter von der Tafel abschreiben
- Wörterverzeichnis anlegen
- Vorsilben, Nachsilben und Wortstämme lernen
- Wörter laut aussprechen
- laut vorlesen
- viel verschiedene Literatur und unterschiedliche Textarten lesen
- Handzettel und kommentierte Arbeitsblätter lesen
- mit Thesaurus (*Wortschatzsammlung*) arbeiten
- bei der Textbearbeitung möglichst viele anschauliche Wörter einfügen
- Fremdsprachen lernen
- Geschichten diktieren
- Kreuzworträtsel lösen
- Wortfamilien suchen
- Wörter ableiten
- Scrabble spielen

Notiertechniken

- sich zum Schriftführer wählen lassen
- Hörbücher anhören und die wichtigsten Punkte mitschreiben
- eigene Abkürzungen erfinden
- Fernsehshows und -serien ansehen und danach Drehbücher schreiben
- fremde Notizen lesen und analysieren

Schreibtechniken

- Brieffreundschaften pflegen
- einen Wortschatzvorrat anlegen
- **Schreibkonferenzen** (s. Glossar, S. 79)
- Tagebuch führen
- die ganze Sprache einsetzen
- immer alles mit- und aufschreiben
- viele verschiedene Autoren lesen und ihren Stil in kurzen Texten nachahmen

Jetzt versteh' ich das!

Rechtschreibtechniken

- Scrabble spielen
- Wörterrätsel lösen (Wortpuzzles, Kreuzworträtsel)
- kurze Wörter in langen Wörtern suchen
- Wörter in vorhandenen Texten suchen
- eigenen Wortschatz erweitern
- ein persönliches Rechtschreibverzeichnis führen und neue Wörter aufschreiben
- Wortstämme, Vor- und Nachsilben kennen
- alle Buchstaben in einem neuen Wort benennen
- Wörter zu Wortfamilien zusammenstellen
- Wörter genau buchstabengetreu lesen
- Wortableitungen lernen
- viel lesen

Mathe-Lerntechniken

- Eselsbrücken zu Standardrechenaufgaben ausdenken
- einem anderen Zahlenzusammenhänge erklären
- Zahlen wie neue Vokabeln behandeln
- eigene Reaktionen und Gedanken beim Problemlösen niederschreiben
- einzelne Arbeitsschritte aufschreiben
- verschiedene Wörter vom selben Wortstamm eines Zahlwortes ableiten
- Text- oder Wortaufgaben ausdenken, die Zahlen und Rechnungen enthalten
- in einer Geschichte die Erzähl- und Handlungsschritte herausarbeiten
- ein Mathe-Tagebuch führen
- in anderen Sprachen zählen und einfache Rechenaufgaben lösen
- über Zahlen und ihre Gesetzmäßigkeiten lesen
- Biografien berühmter Mathematiker lesen, um deren Gedanken zu verstehen

Der Wörter-Lerntyp

Hilfsmöglichkeiten zur Weiterentwicklung

- Leseveranstaltungen wie Lesenächte, Vorlesewettbewerbe, Lesungen in Büchereien
- Textkassetten, Hörbücher
- klassische Literatur

- die **Cloze-Methode** (s. Glossar, S. 75)
- Kreuzworträtsel in Zeitschriften
- Spiele und Puzzles, bei denen man Buchstaben entschlüsseln muss
- Vortragsreihen
- Büchereien
- Talkshows im Radio
- Lesungen in Büchereien
- Wörtersuchprogramme
- Hobby-Schreibklubs

Was tun bei Lernfrust?

- ein Buch, Kurzgeschichten oder Zeitung lesen
- auf Kassette sprechen

- erzählen, was vorgefallen ist
- ein Journal oder eine Geschichte schreiben

Jetzt versteh' ich das!

Musik-Lerntyp

Bilder-Lerntyp

Körper-Lerntyp

Wörter-Lerntyp

Zahlen-Lerntyp

Ich-Lerntyp

Menschen-Lerntyp

Natur-Lerntyp

Konfliktlösungsstrategien

- in Drehbuchform (*mit verteilten Rollen wie im Theaterstück*), genau der Reihe nach, aufschreiben, wer was gesagt hat
- einen Brief schreiben an einen Familienangehörigen oder Freund und berichten, was geschehen ist und was man daraus gelernt hat
- sich fragen, was man hätte anders machen können
- Tagebuch führen und dort Vorkommnisse und Ergebnisse festhalten
- eine Vorführung zum Thema Streiten für andere Klassen ausarbeiten
- den Vorfall ausführlich beschreiben
- Gruppenmediation in Anspruch nehmen
- die Angelegenheit mit dem „Gegner" besprechen oder auf Band sprechen
- **Sofort-Gespräche** nutzen (*s. Glossar, S. 79*)
- einen Aufsatz über den Vorfall schreiben, jedoch mit neuem Schluss
- Gefühle beschreiben

Wie der Wörter-Lerntyp im Unterricht aufpassen kann

- in den entsprechenden Arbeitsunterlagen oder Fachbüchern parallel mitlesen
- auf Fehler oder Widersprüche achten
- auf versteckte Andeutungen hören
- auf neue Vokabeln achten oder verfolgen, wie sie anders verwendet werden
- Wortspiele heraushören
- im Buch oder in Aufzeichnungen mitlesen
- Schaubilder lesen
- Notizen machen
- Schlagwörter „übersetzen"
- Wörter aufschreiben, die das vorgetragene Thema beschreiben

Jetzt versteh' ich das!

Strategien
für den

Zahlen-Lerntyp

Zahlen-Lerntypen haben folgende Vorlieben:

- ▸ sind exakt und gewissenhaft ▸ begreifen Zusammenhänge
- ▸ haben ein bestimmtes Ziel ▸ lösen Aufgaben

Fallbeispiel für den Zahlen-Lerntyp

David konnte sich sehr schnell Telefonnummern merken. Seine Mutter konnte sich immer darauf verlassen, dass er die Telefonnummern auswendig wusste, die sie gerade brauchte. Die besten Noten *hatte er in Mathe. David las nur sehr widerwillig und die meisten Hausaufgaben hatte er nicht fertig gemacht, weil er dazu selbstständig lesen musste. Rechtschreiben war sein schwächstes Fach.*

Der Zahlen-Lerntyp

Erprobte Strategien

- **David** ordnete die Buchstaben entsprechend dem Alphabet in zahlenmäßiger Reihenfolge (*a = 1, b = 2 ...*).
- **David** stellte eine Zahlen/Buchstaben-Reihe auf und legte sie auf seinen Tisch.

- Er entwickelte eine Formel, die Rechtschreibwörter in Zahlen umwandelt (*Katze wird zu 11 – 1 – 20 – 26 – 5*).

Ergebnisse

Davids Noten im Rechtschreiben verbesserten sich. Auch seine Selbsteinschätzung veränderte sich positiv, als er erkannte, dass er Wörter behalten konnte. Da er nun Selbstvertrauen im Rechtschreiben gewann, versuchte er es auch auf anderen Gebieten. Aus eigenem Antrieb machte er in Lesegruppen mit. Er bemühte sich, immer mehr von seinem Hausaufgaben-pensum zu erledigen.

Charakteristische Eigenschaften

- denkt praktisch, analysiert
- ist gut in Mathe
- geht systematisch an Aufgaben heran
- geht gern mit Zahlen um und fühlt sich wohl dabei
- ist logisch und zielorientiert
- ist gut organisiert
- ist genau und exakt
- mag Vergleiche

- schaut beim Lesen zuerst auf die letzte Zeile
- kann gut mit Geld umgehen
- schätzt gut ein, wie er mit der Arbeit vorankommt
- stellt sich Dinge der Reihe nach vor
- vereinfacht
- denkt in konkreten Begriffen
- arbeitet effektiv

Jetzt versteh' ich das!

Lerntechniken

Musik-Lerntyp

Bilder-Lerntyp

Körper-Lerntyp

Wörter-Lerntyp

Zahlen-Lerntyp

Ich-Lerntyp

Menschen-Lerntyp

Natur-Lerntyp

Die Kinder oder Jugendlichen, die am besten mit logischen Abfolgen, strukturiert und organisiert lernen, könnten die folgenden Lernstrategien anwenden:

- Gedanken erst spontan sammeln im Brainstorming, dann systematisch ordnen
- eine **Matrix** erstellen bzw. verwenden (s. Glossar, S. 77)
- ein Diagramm mit unterschiedlichen Lernmöglichkeiten und deren Auswirkungen erstellen
- das jeweilige Problem in einem **Flussdiagramm** (s. Glossar, S. 76) darstellen
- die einzelnen Arbeitsschritte und dabei aufgetretene Probleme in einem Diagramm festhalten
- Zeitrichtwerte für die Erledigung von Aufgaben aufstellen
- gezielt Informationen suchen, um Lernziele zu erfüllen
- überlegen, wie man Lern- und Arbeitsprozesse vereinfachen kann
- mit Fragelisten arbeiten, um die Gedanken zu strukturieren
- Übungen und Aufgaben in einzelne Abschnitte aufteilen
- nach einem Arbeitsschema oder einem Rezept vorgehen

- Daten darüber sammeln, wie häufig ein bestimmtes Wort oder Buchstaben-kombinationen vorkommen
- Arbeitstechniken aus der Mathematik einsetzen
- Tagesordnungspunkte aufstellen
- ordentliches Aufgabenheft führen
- Schritt für Schritt lernen
- nach Zeitplan vorgehen
- Schemata und Muster erkennen
- Strukturen und klare Ziele festlegen
- Zahlen als Gedächtnisstütze einsetzen
- ein Organisationssystem entwickeln
- Arbeitspensum umreißen oder auflisten
- einen Vorgehensplan ausarbeiten
- Schlussfolgerungen ziehen
- Zeitvorgaben ausarbeiten
- kategorisieren
- rechnen

Der Zahlen-Lerntyp

Lesetechniken

- Regeln für die Lautung, für Wortmuster und für Vor- und Nachsilben lernen
- typische Schemata suchen
- Wörter oder Laute nach Gemeinsamkeiten und Unterschieden sortieren
- große Wortmengen mit Hilfe der **Glass-Analyse** bewältigen (*s. Glossar, S. 76*)
- Lesepensum genau einschätzen (*wie viele Wörter, Zeilen, Seiten*)
- eine Checkliste mit persönlichen Lernstrategien für Wörter aufstellen
- zuerst eine Zusammenfassung lesen, dann erst den ganzen Text
- schätzen, wie viel Zeit man für Arbeitsaufgaben braucht
- alle ähnlich klingenden Wörter in einem Satz zählen
- neue Wörter nach dem Alphabet sortieren
- eigene Aufgaben überprüfen, z.B. mit Hilfe von Lernprogrammen oder Lösungsschlüssel
- aufschreiben, wie weit man gekommen ist
- Wortfamilien zu Hilfe nehmen
- Arbeitsanweisungen organisieren
- eigene Rechtschreib- oder Lesekärtchen ordnen
- Wörter nach charakteristischen Merkmalen einteilen
- ein Blatt mit Regeln und ihren Ausnahmen anlegen
- mit Wörterlisten arbeiten (*Phoneme, Abfolge von Konsonant/ Vokal/Konsonant*)
- Grammatikregeln verstehen
- Fehler analysieren und typische Fehlermuster suchen
- **W-Fragen** einsetzen (*Wer? Wo? Wann? Was? Warum? Wie?, s. Glossar, S. 79*)

Notiertechniken

- Notizen aus dem Unterricht mit den Notizen aus Fachbüchern in Verbindung bringen
- Notizen nach strukturiertem Muster machen, z.B. anhand von W-Fragen
- das Wichtige vom Unwichtigen trennen
- für jeden Gedanken Beispiele bringen
- Schlüsselwörter erkennen
- Lerninformationen organisieren
- die **Cornell-Methode** anwenden (*s. Glossar, S. 75*)

Jetzt versteh' ich das!

Musik-Lerntyp

Bilder-Lerntyp

Körper-Lerntyp

Wörter-Lerntyp

Zahlen-Lerntyp

Ich-Lerntyp

Menschen-Lerntyp

Natur-Lerntyp

Schreibtechniken

- einen logischen gedanklichen Ablauf herausarbeiten, der die Information klar vermittelt
- spontane Gedanken sammeln im Brainstorming, dann sinnvoll durchnummerieren
- Informationen in Kategorien einordnen
- Gedanken vor dem Schreiben ordnen
- Tabellen mit Standardfragen verwenden, die zu jedem Thema passen
- die eigenen Schreibarbeiten mit einer Vorlage oder Arbeitsanweisung vergleichen
- auf den Kerngedanken konzentrieren, mit den Einzelheiten untermauern und sie miteinander verbinden

- nach dem üblichen Erzählaufbau vorgehen
- eine Art Formel für die wichtigsten Elemente aufstellen (z.B. *Kernaussage und drei erläuternde Beispiele*)
- Bearbeitungsrichtlinien auflisten
- sich vergewissern, wie lang die schriftliche Arbeit werden soll
- Fortschritte in einem Diagramm oder einer Liste festhalten
- Fehler analysieren

Rechtschreibtechniken

- systematisch vorgehen
- Gedächtnisstützen für Ausnahmen suchen
- eine Liste mit wichtigen Rechtschreibregeln und ihre Ausnahmen lernen, dafür Beispiele aufführen
- die Regel für das jeweilige Wortmuster nachschauen
- andere Sprachen lernen, um Wörter ableiten zu können
- Buchstaben in Zahlen umwandeln ($a = 1, b = 2, c = 3$)

- Wörter zu Familien oder nach Phonemen gruppieren
- Wortmuster kennen (z.B. *die einzelnen Wortarten*)

 # Der Zahlen-Lerntyp

Mathe-Lerntechniken

- auf die einzelnen Lernschritte aufbauen
- ein Zahlengitter ausarbeiten
- verschiedene Zahlengitter untersuchen und die Muster herausfinden
- viele verschiedene Aufgaben untersuchen und Gemeinsamkeiten und Unterschiede bei den Lösungen herausarbeiten

- in logischen Schritten vorgehen
- Formeln erkennen
- mit Geld rechnen

Hilfsmöglichkeiten zur Weiterentwicklung

- Busfahrpläne
- Kalender
- Checklisten
- Legenden von Landkarten
- Speisekarten
- Rezepte

- naturwissenschaftlich-technische Themen
- Zeiterfassungspläne
- Gespräche mit Buchhaltern, Bankangestellten etc. über deren Arbeitsbereiche und Arbeitstechniken

Was tun bei Lernfrust?

- bis 10 zählen
- die einzelnen Lernschritte als Diagramm darstellen
- Rechenaufgaben lösen, um sich zu beruhigen und das Selbstbewusstsein zu stärken

- Frusterlebnisse und ihre möglichen Ursachen regelmäßig aufschreiben
- eine Liste über Gefühle anlegen und Vorkommnisse und die Zeit festhalten

Jetzt versteh' ich das!

Musik-Lerntyp

Bilder-Lerntyp

Körper-Lerntyp

Wörter-Lerntyp

Zahlen-Lerntyp

Ich-Lerntyp

Menschen-Lerntyp

Natur-Lerntyp

Konfliktlösungsstrategien

- die Gründe beider Konfliktparteien analysieren
- Einzelheiten und Daten von den Vorfällen sammeln
- ein Schaubild mit Verhaltensalternativen und den begleitenden Konsequenzen aufstellen
- einen Aktionsplan ausarbeiten
- einen Ablaufplan für die Konfliktlösung ausarbeiten

- herausfinden, wie es bei Gerichtsverhandlungen zugeht
- nochmals vor Augen führen, was bei der **Gruppenmediation** (s. Glossar, S. 77) geschieht

Wie der Zahlen-Lerntyp im Unterricht aufpassen kann

- mit Zahlen rechnen, die mit dem Unterrichtsstoff zu tun haben (*Entfernungen, Mengen, Größen, Beträge u.a.*)
- die einzelnen Kategorien in den Notizen kennzeichnen (*z.B. Geografie, Geschichte, Wirtschaft u.a.*), damit sie miteinander verbunden werden können
- logische Folgerungen aus dem Unterrichtsstoff ziehen
- Lerninformationen in Listen oder Diagrammen erfassen

- aufschreiben, was später noch zu erledigen ist, damit man beim Zuhören nicht daran zu denken braucht
- Formeln für die Lerninformation entwickeln
- den Lernstoff in Kategorien einteilen
- Tagesordnungspunkte abhaken oder sie in ein Zahlensystem umsetzen
- zählen, wie oft der Lehrer „äh" sagt
- auf die Uhr schauen und ausrechnen, wie lange die Stunde noch dauert
- Schlüsselwörter notieren
- Lerninformationen umreißen

Jetzt versteh' ich das!

Strategien
für den

Ich-Lerntyp

Ich-Lerntypen haben folgende Vorlieben:

▪ sind gern allein ▪ nehmen sich Zeit, um über Dinge nachzudenken

▪ sind reflektiert

Fallbeispiel für den Ich-Lerntyp

Max beantwortete zunächst fast alle Fragen mit „Es kommt darauf an". Er hatte sehr viele verschiedene Antwortmöglichkeiten bereit und konnte jede von ihnen begründen. Andere sagten über ihn, er „bewege sich im falschen Takt". Man hatte durchaus den Eindruck, dass **Max** viel wusste. Doch er brauchte sehr lange, bis er die richtige Antwort gab.

Bei schriftlichen Tests war er der Letzte, der fertig wurde. Seine Arbeiten zeigten, dass er wohlüberlegt vorging und sich Zeit nahm, aber viele Aufgaben waren nicht fertig bearbeitet. **Max** verhielt sich unbeständig. Manchmal war er motiviert und manchmal uninteressiert und geistesabwesend.

Der Ich-Lerntyp

Erprobte Strategien

- **Max'** Lehrerin gab ihm vor der Stunde eine Liste mit Themen und Fragen. So konnte er schon einmal darüber nachdenken.
- **Max** begann über seine Gefühle und Gedanken Tagebuchaufzeichnungen zu führen.
- Die Lehrerin gab **Max** extra viel Zeit zum Arbeiten und auch für schriftliche Tests. Wenn die Arbeiten eingesammelt werden sollten, forderte sie ihn ganz ruhig auf, auf seinem Blatt zu vermerken, wie viel zusätzliche Zeit er noch brauchte. Dann bekam er diese Extra-Arbeitszeit später im Laufe des Schultages.

Ergebnisse

Max blühte richtig auf. Ohne feste Zeitvorgaben konnte er endlich zeigen, was er wusste. Für ihn war jetzt eine geeignete Nische gefunden, wo er seine Überlegungen anstellen konnte.

Die Mitschüler und Lehrer hörten dann nur seine perfekte Antwort, aber bekamen den Entscheidungsprozess, der dahin führte, nicht mit.

Charakteristische Eigenschaften

- arbeitet mit Vorliebe allein
- arbeitet am liebsten im Stillen
- geht analytisch vor
- ist unabhängig
- ist ein tiefsinniger Denker
- ist nachdenklich

- ist sich seiner selbst bewusst
- ist gern der Letzte
- braucht Zeit zum Nachdenken
- denkt sehr tiefgründig
- hat nur wenige, dafür aber sehr enge Freunde

Jetzt versteh' ich das!

Lerntechniken

**Der Lerner, der am besten durch Nachdenken lernt und
sich auf sich selbst bezieht, kommt wahrscheinlich
mit den folgenden Lernstrategien am besten zurecht:**

- schriftlich zusammenfassen und erklären, was die Klasse getan und gelernt hat
- alleine spontane Einfälle im Brainstorming sammeln und dann mit grafischen Hilfsmitteln anordnen, z.B. als **Cluster** *(s. Glossar, S. 75)*
- immer nur ein Wort oder eine Aufgabe auf einmal erledigen; dann ohne Zeitlimit und ungestört an einem ruhigen Ort darüber nachdenken
- Muster und Schemata mit Hilfe der **Einfüge-Methode** herausfinden *(s. Glossar, S. 76)*
- sich genug Freiraum verschaffen, um kreativ zu sein
- einzelne Fakten in den Gesamtzusammenhang bringen
- in einer klar strukturierten Umgebung nachdenken
- Tagebuch führen

- klassische Musik oder Stimmen und Töne aus der Natur im Hintergrund hören
- grübeln
- forschen
- nachsinnen
- Fragen stellen
- für sich selbst laut lesen
- zurückblicken und erneut prüfen
- Tests mit längerer Bearbeitungszeit schreiben
- durchsuchen und durchforschen
- studieren und lernen
- theoretisieren
- nachdenken, bevor man antwortet
- nach der Methode des **Entdeckenden Lernens** vorgehen *(s. Glossar, S. 76)*

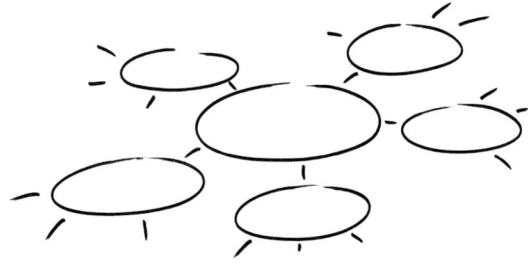

Der Ich-Lerntyp

Lesetechniken

- sich auf die Kernaussage konzentrieren und nicht heruminterpretieren
- sich fragen, warum der Autor den Text wohl geschrieben hat
- herausfinden, warum und wodurch manche Wörter im Text eine tiefere Bedeutung erhalten
- still lesen
- beim Lesen Überlegungen zur Sprache anstellen (*Warum steht hier ein kurzes „a"?*)
- Bewertungsfragen stellen, auf die es keine eindeutig richtige oder falsche Antwort gibt
- analysieren, wie man selbst beim Lesen vorgeht
- einen eigenen Wörtervorrat oder ein Wörterbuch anlegen
- sich fragen, für wen diese Information notwendig ist
- Fragen ausdenken, die man im Unterricht stellen kann
- vor dem Lesen Fragen aufstellen, die den Inhalt erschließen
- mit Lernmaterialien arbeiten, die gleich Lernkontrollen mitliefern (*computergestützte Lernprogramme oder Übungstexte mit Lösungen*)
- verschiedene Lernmöglichkeiten und Vorgehensweisen ausprobieren
- eigenes Textverständnis mit Hilfe der **Cloze-Methode** überprüfen (*s. Glossar, S. 75*)

Notiertechniken

- auf fesselnde, wichtige Gedanken konzentrieren; später erst überlegen, wie man die Einzelheiten unterbringt
- eigene Kurzschriftzeichen entwickeln
- den Lernstoff mit eigenen Erfahrungen und Gefühlen in Verbindung bringen

Schreibtechniken

- über eigene Themen schreiben
- reflektierend schreiben
- vor dem Niederschreiben nachdenken
- **frei schreiben** (*s. Glossar, S. 76*) und dabei auf einen Kerngedanken konzentrieren
- nach Textvorlage arbeiten oder Übungsbeispiele zum Selberkorrigieren nutzen
- Texte mit Hilfe von Selbstreflexion und Fehleranalyse bearbeiten

Jetzt versteh' ich das!

Musik-Lerntyp

Bilder-Lerntyp

Körper-Lerntyp

Wörter-Lerntyp

Zahlen-Lerntyp

Ich-Lerntyp

Menschen-Lerntyp

Natur-Lerntyp

Rechtschreibtechniken

- zum Nachschlagen eine Liste mit schwierigen Wörtern führen
- eigene Arbeit mit Hilfe einer Liste der Rechtschreibregeln durchchecken
- ein Rechtschreibprüfprogramm oder ein Rechtschreibwörterbuch verwenden

Mathe-Lerntechniken

- sich zu jeder Zahl Assoziationen einfallen lassen
- herausfinden, warum die Zahlen ausgerechnet so miteinander verbunden werden können
- Zahlenmuster und ihre Verbindungen allein herausfinden und sich dann fest einprägen

- sich genug Zeit nehmen und die Aufgabe mehrmals, evtl. auch auf verschiedenen Lösungswegen bearbeiten
- immer nur über eine Aufgabe auf einmal nachgrübeln
- eine Formel gründlich untersuchen

Hilfsmöglichkeiten zur Weiterentwicklung

- Träume
- inspirierende Botschaften
- Kampfsportarten oder Tai-Chi
- Yoga
- bedeutungsvolle Bilder
- Meditation
- Möglichkeiten für kreative Tätigkeiten

- Philosophie
- Poesie
- meditative Musik
- Rückzugsmöglichkeiten
- Informationen über prominente Menschen lesen, die über Selbstfindung schreiben

Der Ich-Lerntyp

Was tun bei Lernfrust?

- einen Präventionsplan entwickeln, damit sich das gleiche enttäuschende Erlebnis nicht wiederholt
- sich bildlich vorstellen, wie man sich anders verhalten könnte
- sich über die augenblicklichen Gefühle klar werden und sie dann vorübergehen lassen
- zum Nachdenken einen ruhigen Platz aufsuchen
- herausfinden, welche Gefühle vor dem Frusterlebnis aufgetreten waren

Konfliktlösungsstrategien

- den Vorfall genau analysieren
- eine persönliche Liste mit Ursachen und Auswirkungen aufstellen
- zu den eigenen Gefühlen stehen
- über die Anliegen und Wertvorstellungen nachdenken, die dem Verhalten zu Grunde liegen
- alle vorstellbaren Konsequenzen überdenken

Wie der Ich-Lerntyp im Unterricht aufpassen kann

- jede Aussage im Stillen entweder bestätigen oder ablehnen
- überlegen, wie gewichtig diese Lerninformationen sind
- sich Fragen zum eigenen Standpunkt stellen („Sehe ich das genauso?")
- sich fragen „Wann kommt das wieder vor?", um bei der Sache zu bleiben
- Lernstoff mit persönlichen Schwerpunkten und Anliegen verbinden, ohne Fragen zu stellen
- nachgrübeln über das, was gesagt wird, und Tagträumen nachhängen
- sich auf bereits Gelerntes stützen
- in die Zukunft denken
- über früher gelernte Fakten und Zusammenhänge nachdenken
- trennen, was man schon weiß und was nicht

Jetzt versteh' ich das!

Strategien für den Menschen-Lerntyp

Menschen-Lerntypen haben folgende Vorlieben:

- ▸ sind gern unter Menschen ▸ versetzen sich in andere Menschen hinein
- ▸ interagieren ▸ führen und leiten ▸ lehren und leiten an

Fallbeispiel für den Menschen-Lerntyp

Anna redete sehr viel mit anderen und verbrachte viel Zeit damit. Wann immer sie konnte, war sie mit irgendwelchen Leuten zusammen. Sie half freiwillig ihrem Lehrer, bot Freunden ihre Hilfe an oder sie unterhielt sich einfach nur. Anna hatte ein sympathisches Lächeln und umarmte Menschen gern. Im Unterricht konnte sie nicht an der Tafel arbeiten und wollte auch nicht vor der Klasse vorlesen, weil sie

großen Wert darauf legte, was die anderen von ihr dachten. Sie erfüllte ihre schulischen Arbeitsaufträge nicht und brachte die Hausaufgaben unerledigt wieder mit zum Unterricht. Viele Lehrer vermuteten, dass ihr Hang zur Geselligkeit ihr Hauptproblem war, und trennten sie zum Lernen und Arbeiten von den anderen. Doch dadurch fühlte sie sich noch unbehaglicher und war erst recht nicht motiviert.

Der Menschen-Lerntyp

Erprobte Strategien

- **Anna** fand heraus, dass sie hauptsächlich ihre Lesefähigkeit verbessern musste. Daher hat sie sich selbst Eselsbrücken ausgedacht. So hat sie z.B. in schwierigen Wörtern nach Vornamen gesucht. In dem Namen ihres Lieblingsurlaubslandes „Florida" entdeckte sie „Flo" und „Ida".
- **Annas** Lehrer ließ sie weitere Personennamen suchen, die sich in schwierigen Wörtern verstecken. Diese Merkhilfe benutzte sie nun, um die Wörter zu behalten.

- **Anna** durfte als Hilfskraft in einer altersmäßig gemischten Förderklasse mitarbeiten. Dort war sie täglich eine Stunde lang beschäftigt und brachte immer jeweils einem Kind einen bestimmten Buchstaben pro Woche bei.

Ergebnisse

Anna begann mit dem Buchstaben „K", weil sie eine sehr enge Beziehung zu ihrer Katze hatte und sie „Katze" richtig schreiben konnte. Am ersten Tag in ihrem neuen „Job" brachte sie eine Schuhschachtel voller Spielsachen, Schmuckstücke und Bilder mit. Stundenlang hatte sie davor Sachen zusammengesammelt, die ihrem neuen Schüler beim Erlernen des Buchstabens „K" helfen könnten. Sie hatte viel Erfolg mit dem ersten Schüler und wandte sich dann dem zweiten zu. Eine Stunde am Tag verbrachte **Anna** nun in diesem Klassenzimmer und half den Kindern. Dabei lernte sie auch selbst noch einmal intensiv alle Buchstaben und Laute, die sie unterrichtete, und konnte außerdem noch anderen helfen.

Musik-Lerntyp

Bilder-Lerntyp

Körper-Lerntyp

Wörter-Lerntyp

Zahlen-Lerntyp

Ich-Lerntyp

Menschen-Lerntyp

Natur-Lerntyp

Charakteristische Eigenschaften

- nimmt aktiv an Gruppen teil
- verständigt sich gut mit anderen
- ist kompromissbereit
- hat Charisma
- ist freundlich
- ist freigebig
- lernt gern in der Gruppe
- hat eine gute Wahrnehmung
- kann gut überzeugen
- kann gut auf die Bedürfnisse anderer Menschen eingehen
- nimmt Führungsrollen ein
- merkt sich Geschichten über Menschen
- schätzt den Wert von Beziehungen

- prägt sich Personen aus Büchern oder Filmen leicht ein
- ist ein guter Teamarbeiter
- kümmert sich um andere
- ist kontaktfreudig
- hört gut zu
- ist risikofreudig
- redet viel
- denkt laut
- fordert Feedback

Lerntechniken

Die Kinder und Jugendlichen, die am besten zusammen mit anderen lernen, können sich auch sehr gut auf die Gefühle und Bedürfnisse anderer Menschen einstellen. Folgende Lernstrategien sind sicher für sie geeignet:

- persönliche Erfahrungen mit dem Lesen regelmäßig aufschreiben und daraus ein Buch für alle zusammenstellen
- das Gelernte schauspielerisch darstellen
- Fragen stellen
- sich bestätigen lassen
- zusammen mit anderen spontane Ideen im Brainstorming sammeln
- eine persönliche Beziehung zum Lehrer aufbauen

- sich vorstellen, in der Haut eines anderen zu stecken
- einen **Lernvertrag** (s. Glossar, S. 77) aushandeln über Verhalten, Aufgabenerfüllung, Zuständigkeiten in der Klasse u.a.
- mitmachen, wenn im Unterricht etwas vorgeführt wird, und dabei erzählen
- Lerninformationen über die Erfahrungen anderer Personen aufnehmen

Der Menschen-Lerntyp

- ein Netzwerk von Helfern aufbauen
- Interviews durchführen
- zuhören
- sich an gemeinnützigen Projekten beteiligen
- im Team arbeiten

- Rollenspiele durchführen
- bei besonderen Schwierigkeiten diese nach dem Unterricht mit dem Lehrer nacharbeiten
- jemanden unterrichten
- mit Kassettenrekorder arbeiten

Lesetechniken

- eine Liste aufstellen mit Adjektiven, die Personen beschreiben
- Fragen an den Autor für ein imaginäres Interview ausdenken
- vorhersagen, was die handelnden Personen tun werden
- im **Rollentausch-Verfahren** (s. Glossar, S. 78) lesen üben
- über den Standpunkt des Verfassers nachdenken
- zuhören, wenn andere laut vorlesen
- Biografien lesen
- Theaterstücke lesen
- Mundart-Texte lesen
- sich mündlich abfragen lassen
- gelesene Texte nacherzählen
- persönliche Erfahrungen mit dem Lesen regelmäßig aufschreiben und daraus ein Buch für alle zusammenstellen
- Leserbriefe schreiben
- sich einer Lesegemeinschaft anschließen

- Laute mit bestimmten Personen assoziieren
- eine Kassette mit Texten, die der Autor selbst liest, mit einem Freund zusammen lernen
- einem Freund schreiben
- debattieren
- diskutieren
- diktieren

Jetzt versteh' ich das!

Musik-Lerntyp

Bilder-Lerntyp

Körper-Lerntyp

Wörter-Lerntyp

Zahlen-Lerntyp

Ich-Lerntyp

Notiertechniken

- fremde Notizen als Vorlage nehmen
- jemand anders mitschreiben lassen, sodass man sich selber am Unterricht beteiligen kann
- Notizen nochmals abschreiben und dabei für jüngere Schüler vereinfachen
- Notizen zusammen mit einem Freund durchsehen
- für jemanden mitschreiben, der nicht da ist

- sich Gedanken machen, was für den Sprecher wohl wichtig ist
- eigene Notizen mit denen von Mitschülern vergleichen

Schreibtechniken

- Texte im lockeren Schreibstil aufschreiben, wie man sie auch einem Freund erzählt
- Werbetexte für ein Produkt verfassen, das mit dem Lernstoff zu tun hat
- eine Liste mit Adjektiven, die Personen beschreiben, aufstellen
- Schreibarbeiten von Mitschülern anhand einer vorher festgelegten **Matrix** (s. Glossar, S. 77) benoten

- zuhören, wenn andere ihre Texte vorlesen
- **Schreibkonferenzen** durchführen (s. Glossar, S. 79)
- fremde Schreibarbeiten Korrektur lesen
- Theaterstücke oder Drehbücher schreiben
- Briefe schreiben

Der Menschen-Lerntyp

Rechtschreibtechniken

- Personennamen finden, die sich in Wörtern verbergen
- eigene Rechtschreibmethoden mit anderen abstimmen
- mit dem **Rollentausch-Verfahren** arbeiten *(s. Glossar, S. 78)*
- zusammen mit einem Tutor oder Schulfreund arbeiten

Mathe-Lerntechniken

- Fragen stellen
- schwierige Aufgaben mit Menschen assoziieren *(z.B. 7 x 6 = 42, denn der Großvater ist 76 Jahre alt und wohnt in Hausnummer 42)*
- durch die Fehler der anderen lernen
- jemand anderen unterrichten
- mit anderen Gedanken austauschen
- über mathematische Entdeckungen sprechen
- Mitschüler fragen, wie sie die Aufgabe gelöst haben
- über Begründungen oder Beobachtungen diskutieren

Hilfsmöglichkeiten zur Weiterentwicklung

- öffentliche Einrichtungen und Organisationen
- ehrenamtliche Hilfsdienste, z.B. im Krankenhaus oder in sozialen Einrichtungen
- Chat-Rooms im Internet
- Gedankenaustausch mit Gleichaltrigen oder Erwachsenen
- Freiwilligen-Organisationen
- Kunst- und Unterhaltungssendungen über das Leben von Personen
- Podiumsdiskussionen
- Clubs und Vereine
- Interviews
- Theaterstücke
- Biografien

Jetzt versteh' ich das!

Musik-Lerntyp

Bilder-Lerntyp

Körper-Lerntyp

Wörter-Lerntyp

Zahlen-Lerntyp

Ich-Lerntyp

Menschen-Lerntyp

Natur-Lerntyp

Was tun bei Lernfrust?

- zu Hause anrufen, sich dort Bestätigung holen
- sich vorstellen, wie sich wohl ein anderer fühlt
- einen Freund einladen und mit ihm über den Frust sprechen
- eine **Klassenversammlung** organisieren (s. Glossar, S. 77)

- eine Geschichte lesen, in der jemand ein ähnliches Problem hat und damit fertig geworden ist

Konfliktlösungsstrategien

- mit einer von einem respektierten Person die entsprechenden Fertigkeiten üben
- einen **Helferkreis** aufbauen (s. Glossar, S. 77), um immer für Feedback zu sorgen

- sich vorstellen, in der Haut eines anderen zu stecken
- jemanden befragen, der mit dem Gesetz in Konflikt gekommen ist
- an **Gruppenmediations**-Programmen teilnehmen (s. Glossar, S. 77)
- vorhandene oder ausgedachte Konfliktsituationen als Rollenspiel durchspielen
- **„Schattenmann"** sein (s. Glossar, S. 78) von jemandem, der Konflikten aus dem Weg gehen kann

 **Der Menschen-Lerntyp**

Wie der Menschen-Lerntyp im Unterricht aufpassen kann

- sich im Stillen mit den einzelnen Punkten auseinandersetzen
- bei Schwierigkeiten bei dem Banknachbarn nachfragen
- Unterrichtsinhalte leise kommentieren
- diskutieren
- nonverbal mit dem Sprecher *(Lehrer)* interagieren *(Augenkontakt herstellen, nicken, aufrecht sitzen usw.)*

- bewerten, ob der Sprecher das Richtige sagt
- auf die nonverbale Kommunikation des Sprechers achten
- Mitschüler beobachten
- sich neben jemanden setzen, den man gut kennt und mag

Jetzt versteh' ich das!

Strategien

für den

Natur-Lerntyp

Natur-Lerntypen haben folgende Vorlieben:

▣ sammeln ▣ sortieren ▣ kategorisieren ▣ mögen Tiere gern

▣ ziehen Pflanzen

Fallbeispiel für den Natur-Lerntyp

*Schon als er in den Kindergarten kam, wusste **Paul** alles über Dinosaurier. Weder er selbst noch seine Mutter wussten, wie er sich das alles angeeignet hatte. Außerdem hatte er einen angeborenen Sinn für Tiere. **Paul** kannte die Fress- und Schlafgewohnheiten von vielen Lebewesen, die in den Wäldern in der Nähe seines Hauses lebten. In der Schule langweilte er sich oft und konnte nicht nach-*

*vollziehen, dass die Mitschüler noch nicht so weit waren. Er wurde sehr ungeduldig, wenn den anderen etwas mehrmals erklärt werden musste. Im weiteren Verlauf des Schuljahres ärgerte **Paul** entweder die Mitschüler oder döste auf seinem Platz vor sich hin. Als die Tage kürzer wurden und der nasskalte, ungemütliche Winter kam, wurde er immer müder und träger, ähnlich wie ein Bär beim Winterschlaf.*

Der Natur-Lerntyp

Erprobte Strategien

- **Pauls** Lehrer ließ ihn Parallelen herstellen zwischen Unterrichtssituationen und der Welt der Natur. Wenn z.B. sein impulsives Verhalten im Gespräch war, konnte er sich vorstellen, er sei ein Adler, der in der Luft kreist und nach seiner Mahlzeit Ausschau hält. Dann schießt er erst in allerletzter Sekunde herab, damit seine Beute nicht noch erschrickt und entkommen kann.

- **Pauls** Lehrer forderte ihn auf, zu jedem Unterrichtsthema eine Analogie aus der Natur herzustellen. Als sie z.B. im Sachunterricht das Thema Nachbarländer behandelten, sollte **Paul** sich überlegen, wie die Tiere nachbarschaftliches Verhalten zeigen.

Ergebnisse

Paul sah allmählich ein, dass er mit seiner schulischen Umgebung in Einklang kommen sollte. Er wurde geduldiger und einsichtiger. In den naturwissenschaftlichen Fächern besuchte er nun eine höhere Klasse. Er entwickelte in Tabellenform eine Art Zyklus für seine notwendigen „Winterschlaf"-Zeiten und konnte so seine eigenen Bedürfnisse steuern und sich zu einem erfolgreicheren Schüler mausern.

Charakteristische Eigenschaften

- kümmert sich um die Umwelt
- sammelt gern Sachen aus der Natur (*Steine, Blätter*)
- weiß enorm viel über Tier- und Pflanzenarten oder natürliche Stoffe
- nimmt Veränderungen bei Wetter oder Pflanzenwachstum bewusst wahr

- lernt am besten, wenn er den neuen Lernstoff mit etwas aus der Natur in Verbindung bringt
- arbeitet gerne an der frischen Luft, z.B. im Garten oder im Wald
- geht einfühlsam mit Tieren um

Jetzt versteh' ich das!

Musik-Lerntyp

Bilder-Lerntyp

Körper-Lerntyp

Wörter-Lerntyp

Zahlen-Lerntyp

Ich-Lerntyp

Menschen-Lerntyp

Natur-Lerntyp

Lerntechniken

Der Lerner, der am besten denken kann, wenn er Vorgänge aus der Natur zu Hilfe nimmt, könnte folgende Lerntechniken anwenden:

- Steine, Blätter usw. sammeln
- den neuen Lerninhalt mit einem Gegenstand aus der Natur verknüpfen
- Wälder, Flüsse und Meere erforschen und Zusammenhänge mit dem Lernthema notieren
- Lernmuster in natürlichen Objekten entdecken
- sich in der Natur aufhalten
- Ausflüge zu natürlichen Lernquellen unternehmen
- sich Experimente ausdenken
- sich den Umweltaspekt des betreffenden Lernstoffs bewusst machen

Lesetechniken

- jeden Buchstaben mit einem Tier oder einer Pflanze assoziieren (A = Ameise, Ahorn)
- die Lautung der Buchstaben mit Tönen oder Geräuschen aus der Natur verknüpfen (Vogelstimmen)
- Wörter nach Oberbegriffen aus der Natur einteilen (Säugetier, Vogel, Pflanze, Mineral)
- Diagramme mit Buchstaben oder Lauten ausarbeiten
- Parallelen ziehen zwischen der Handlung von Lesestücken und natürlichen Phänomenen, z.B. den Wachstums- und Entwicklungsphasen eines Lieblingstiers
- viel über Naturphänomene lesen
- Wetterberichte in der Tageszeitung oder im Internet lesen
- alle Buchstaben nach Form, Farbe, Länge sortieren
- beim Lesen passende Fernsehsendungen (z.B. Tierfilme, Natur-Dokumentarreihen, Entdeckungsreisen) anschauen und mit dem Lernstoff verknüpfen

Der Natur-Lerntyp

Notiertechniken

- Spuren und Fußabdrücke von Tieren mit den Notizen vergleichen
- beim Notieren verschiedene Materialien verwenden (*Papier, Blätter, Federn, Tinte, Wachs*)

Schreibtechniken

- sich fragen, wie in der Natur bedeutungsvolle Dinge aufgezeichnet werden
- sich vorstellen, ein Vogel, ein Fisch oder ein Vulkan zu sein, wenn es um solch ein Unterrichtsthema geht
- eigenen Schreibstil an die Verständigungsart eines Lieblingstiers anlehnen
- Geschichten über natürliche Dinge schreiben, z.B. über ein Blatt, das auf dem Meer landet

Rechtschreibtechniken

- Muster für detailgenaue Formen in der Natur finden, die beim Erkennen der Buchstaben helfen (*z.B. Adern in Blättern, die alle verschieden verlaufen*)
- Begriffe aus der Natur richtig schreiben lernen
- Wörter aus natürlichen Objekten nachbilden
- Schreiben mit Ton, Sand oder Kies üben

Jetzt versteh' ich das!

Mathe-Lerntechniken

Musik-Lerntyp

Bilder-Lerntyp

Körper-Lerntyp

Wörter-Lerntyp

Zahlen-Lerntyp

Ich-Lerntyp

Menschen-Lerntyp

Natur-Lerntyp

- Zahlen mit der Welt der Natur assoziieren
- Blätter sammeln und eine Liste machen, welche und wie viele Blattarten es gibt
- Regenwassermengen sammeln, messen und in Diagrammen zusammenstellen
- zählbare Strukturen in der Natur suchen *(Herden, Schwärme, Rudel, Höhlen, Nester)*
- Pflanz- und Wachstumszeiten herausfinden und feststellen, wie lange sie dauern
- herausfinden, welche Tiere ein Empfinden für Mengen haben *(Futterrationen, Herdengröße)*

- Wetterbericht hören oder anschauen und untersuchen, wie dabei Zahlen verwendet werden
- Arten von Steinen, Tieren und Pflanzen in einer Sammlung zählen
- für einen bestimmten Zeitraum eine Liste mit den Sonnentagen führen
- Zählen, wie viele Tage pro Monat der Mond in jeder Mondphase bleibt

Hilfsmöglichkeiten für die Weiterentwicklung

- Zoo
- Nationalparks
- Vogelwarten
- Bauern
- Förster
- Landschaftsgestalter
- Küstenwache
- Gewässerschutzbehörden

- Rundfunk- oder Fernsehsender mit Naturthemen
- Landschafts- und Denkmalschützer
- Umweltschutzorganisationen
- Wandervereine
- Wetterstationen
- Parkverwaltungen

Der Natur-Lerntyp

Was tun bei Lernfrust?

- herausarbeiten, wie die Natur mit Hindernissen umgeht, und dies nachmachen
- den eigenen Biorhythmus herausfinden und sich danach richten
- Aufnahmen von Stimmen und Geräuschen aus der Natur anhören

- über den natürlichen Ablauf in unserer Umwelt nachsinnen
- sich im Wald oder an fließenden Gewässern aufhalten und Bilder in sich aufnehmen, die dann in Stresszeiten abgerufen werden können

Konfliktlösungsstrategien

- die Lebenszyklen von Pflanzen und Tieren untersuchen und herausfinden, wie sie Konflikte lösen

- Schaubilder ausarbeiten, die zeigen, wie Tiere Konflikte auflösen
- lernen, wie die Natur auf Konflikte reagiert

Wie der Natur-Lerntyp im Unterricht aufpassen kann

- das Raumklima bewusst wahrnehmen
- sich an einen anderen Ort versetzen
- einen Blick aus dem Fenster werfen

- die Umgebung draußen bewusst wahrnehmen (*Temperatur, Wetter, Lagerfeuer*)

Jetzt versteh' ich das!

Glossar

Dieses Glossar soll einige Lernstrategien aus diesem Buch näher erläutern. Es handelt sich hier oft um mehr als nur eine Definition. Ich habe zusätzlich beschrieben, wie ich diese Methoden oder Materialien in Unterrichtssituationen eingesetzt habe.

Cloze-Methode *zum Leseverständnis* – Eine Methode, um das Leseverstehen zu überprüfen, wobei zugleich Textverstehen, Wortschatzarbeit und Sprachbeherrschung trainiert werden können. In vorbereiteten Texten werden in Sätzen oder Abschnitten Wörter gezielt weggelassen. Die Kinder und Jugendlichen sollen dann das jeweils fehlende Wort in die Lücke einsetzen. Es kann sich bei den fehlenden Wörtern sowohl um Schlüsselbegriffe für das Textverständnis als auch um syntaktische oder grammatische Funktionen handeln (z.B. Konjunktionen, Präpositionen).

Cluster *für eine geordnete Ideensammlung* – Eine Art grafisches Organisationsdarstellung. Dabei wird das zu bearbeitende Thema (z.B. Hund) in die Mitte eines weißen Blattes geschrieben und umkreist. Um diesen Mittelpunkt herum werden nun alle Gedanken (z.B. Aufzucht, Nahrung, Hundeberufe …) stichpunktartig aufgeschrieben und inhaltlich passend mit Linien verbunden. Dabei können weitere Unterpunkte entstehen (z.B. zu Hundeberufe: Blindenhund, Wachhund, Hütehund …). Schnell zeigt sich, dass das anfängliche Durcheinander der Gedanken und Wörter scheinbar wie von selbst in erkennbare Strukturen und Ordnung übergeht – ohne dabei den Fluss der Ideen zu stoppen.

Cornell-Methode *zum Notizen machen* – Mit dieser Methode können Kinder und Jugendliche ihre Aufzeichnungen strukturieren und analysieren. Dadurch werden Sachverhalte transparenter und leichter verständlich für die Kinder und Jugendlichen. Die Methode wurde von Walter Pauk an der Cornell-Universität in Wisconsin (USA) entwickelt. Die Kinder und Jugendlichen ziehen etwa 6 cm vom linken Rand eingerückt auf ihrem Blatt eine senkrechte Linie. Dann zeichnen sie rechtwinklig dazu eine waagrechte Linie ein, etwa 5 cm über dem unteren Rand. Rechts von der vertikalen Linie schreiben sie während des Unterrichtsvortrags Notizen in beliebiger Form auf. Unmittelbar nach dem Notieren formulieren die Schüler Fragen zu ihren Aufzeichnungen in die schmale linke Spalte, sodass schließlich die Noti-

zen in der rechten Spalte die Antworten dazu ergeben. Es kann sich dabei um ganz unterschiedliche Fragetypen mit verschiedenen Schwierigkeitsgraden handeln. Nun schreiben die Kinder und Jugendlichen eine Zusammenfassung unter die waagrechte Linie und formulieren einen zusammenfassenden Satz, der Schlüsselbegriffe aus ihren Notizen enthält.

Einfüge-Methode   *eine Schreibmethode* – Bei dieser Methode sucht der Schreiber zunächst viele Synonyme für ein bestimmtes Wort aus dem Originaltext und entscheidet sich dann erst für eines.

Entdeckendes Lernen   *zum selbstständigen Arbeiten* – Zum Lösen eines Problems gibt der Lehrer den Kindern und Jugendlichen lediglich die Fakten und evtl. einige praktische Beispiele. Nun müssen die Kinder und Jugendlichen den Lösungsweg des Problems durch Ausprobieren, Nachforschen etc. selbst entdecken.

Fernald-Methode   *eine Schreibübung* – Ein multisensorischer Ansatz, um einzelne Wörter zu erlernen. Das Kind bzw. der Jugendliche oder der Lehrer schreibt bestimmte Wörter mit Wachsmalkreide auf eine etwa postkartengroße Karte. Der Lerner fährt das Wort mit dem Finger oder einem Stift nach, spricht es dabei nach und wiederholt dies so lange, bis er sich das Wort eingeprägt hat. Dann dreht er die Karte um, schreibt das Wort und das Datum auf ein Blatt und sortiert die Karte zur späteren Wiederholung wieder ein.

Flussdiagramm   *eine Darstellungsform* – Das Diagramm ist eine graphische Darstellungsform, in der stufenweise die einzelne Arbeitsschritte aufgelistet werden. Diese Stufen, meist in Kästchen eingerahmt, werden mit Pfeilen der Reihe nach verbunden. So kann man die Reihenfolge der einzelnen Arbeitsschritte übersichtlich anordnen.

Freies Schreiben   *eine Schreibmethode* – Ein Vorgehen, das zum flüssigen Schreiben anregt. Die Kinder und Jugendlichen schreiben ohne jegliche Themen- oder Textvorgaben aus eigenem Antrieb heraus einen Text. Viele Kinder und Jugendliche können oft schon nach wenigen Minuten sinnvolle Gedanken zu Papier bringen, auch wenn sie sich zunächst überrumpelt fühlen.

Glossar

Glass-Analyse *eine Lese- und Schreibmethode* – Eine Methode aus dem Leseunterricht, wobei verschiedene Anfangskonsonaten mit einer vorgegebenen Endung kombiniert werden sollen (z.B. -and: Sand, Hand).

Gruppenmediation *Konfliktlösungsmethode* – Hier werden vorher ausgebildete Kinder und Jugendliche als Mediatoren bei der Lösung eines Konflikts direkt mit einbezogen. Sie hören sich die Konfliktfälle in der Gruppe an und helfen mit, Lösungen zu finden.

Helferkreis *zum Sozialverhalten* – Ein Treffen von Freunden zum Zweck der Hilfeleistung für ein Mitglied der Gruppe, das in Schwierigkeiten ist. Die Gruppenmitglieder sammeln Ideen, wie man helfen kann, und verpflichten sich zu Hilfeleistungen.

Klassenversammlung *Konfliktlösungsmethode* – Zusammenkunft aller Schüler einer Klasse, um ein Thema oder Problem zu besprechen, das alle angeht. Dabei ist es sinnvoll, vorher einen Gesprächsleiter zu wählen.

Lernvertrag *zum Sozialverhalten* – Schriftlich festgelegte, förmliche Abmachung zur Verbesserung des Lern- oder allgemeinen Verhaltens. Die Kinder und Jugendlichen sind hier gleichberechtigte Vertragspartner und sollten alle unter den Vertrag eine Unterschrift leisten.

Matrix *eine Darstellungsform* – Ein Schema aus Spalten und Linien, in dem zusammenhängende Faktoren in ihrer Beziehung zueinander dargestellt werden. Man kann z.B. Bewertungskriterien (Fehlerzahl, Fehlerschritte, Noten, aber auch eigene Lernfortschritte, Arbeitszeit usw.) in einer Art Tabellensystem darstellen und die jeweiligen Lernerfolge transparent machen und stufenweise ablesen. Die Kinder und Jugendliche können für sich selber eine Matrix erstellen, an der sie z.B. ablesen, wie viele neue Vokabeln sie fehlerfrei schreiben können. Für die Lehrer ist es ein Hilfsmittel, um Lernfortschritte oder Leistungsstandards in Schülerarbeiten zu untersuchen und zu bestimmen.

Mind-Mapping® *für eine geordnete Ideensammlung* – Eine Art grafische Organisationsdarstellung, die die Gedanken noch etwas genauer strukturiert als das Cluster. Auch hier schreibt oder malt man in die Mitte eines leeren, weißen Blattes im Querformat das Thema. Von dem Thema ab zeichnet man für jeden Hauptgedanken verschiedene Hauptäste,

auf die man dann in Großbuchstaben die Gedanken schreibt. Die Äste entsprechen den „Kapitelüberschriften" zu dem Thema. Weitere Einzelheiten kann man als Nebenäste und Zweige hinzufügen. Noch lebendiger kann man die Mind-Maps® mit verschiedenen Farben, Bildern und Symbolen gestalten. Der Erfinder von Mind-Mapping® ist der englische Psychologe und Kommunikationsforscher Tony Buzan (www.capek.com).

Orton-Gillingham-Methode

ein multisensorischer Ansatz – Man arbeitet hierbei mit Förder- und Hilfsmaßnahmen und -materialien, die ursprünglich für Kinder und Jugendliche mit Leseschwächen entwickelt wurden. Dabei werden verschiedene Lernkanäle angesprochen. Hinter dem Ansatz von Orton-Gillingham steht eher eine Art Philosophie, weniger ein detailliertes methodisches System. Beim Lernen werden aktionsorientierte Methoden eingesetzt, wobei nacheinander möglichst viele Lerneingangskanäle angesprochen und aktiviert werden, die sich dann ergänzen. Man arbeitet hier mit auditiven, visuellen und kinetischen Elementen. Dazu gibt es vielfältige Lernmaterialien für alle Altersstufen, die alle Sinne ansprechen. Häufig wird mit Sand, Farbkreide, Plastikbuchstaben, Bilderkarten mit Vokalen oder Buchstabenfolgen, farbigem Papier und mit Hörmaterial gearbeitet. Die Kinder und Jugendliche sollen hierdurch Rechtschreiben gleichzeitig mit dem Lesen erlernen.

Phonemische Analyse

zur Schreibförderung – Hier werden Laute und Silben isoliert betrachtet und analysiert. So setzt man z.B. eine kindgerechte Lautschrift, Reime oder Alliterationen ein und untersucht Lautähnlichkeiten zwischen Wörtern. Die Kinder führen Übungen mit dem Auslassen von Buchstaben durch, ordnen Begriffe alphabetisch u.v.a. Diese differenzierte Betrachtung von Einzellauten fördert die phonemische Bewusstheit und führt dann zum besseren Verständnis für die Beziehungen zwischen Lauten und Schriftzeichen und dient als Grundlage für systematisches Lesen.

Rollentausch-Verfahren

zur Leseförderung – Eine Methode, um Leseverstehen zu fördern; dabei schließen sich die Kinder und Jugendliche zu zweit zusammen, einer liest und der andere hört zu und denkt sich Fragen zum Text aus. Diese muss der Leser beantworten können, erst dann werden die Rollen getauscht.

Glossar

„Schattenmann" *zur besseren Arbeitsorganisation* – Eine Lehrmethode, bei der sich die Kinder und Jugendlichen für eine Zeit lang einer anderen Person anschließen und sie bei ihrer täglichen Arbeit begleiten. So können sie herausfinden, ob ihnen der Arbeitsstil des anderen gefallen könnte. Dabei können sie sich die komplette Arbeitsvorgehensweise oder auch nur Teile davon abgucken und auf ihre eigene Arbeit übertragen.

Schreibkonferenzen *eine Schreibmethode* – Die Kinder und Jugendlichen schreiben zunächst selbstständig ihren Text zu einem bestimmten Thema. Dabei schreiben sie den Text so auf, dass sie immer nur auf jede zweite Zeile des Linienblattes schreiben. Wenn alle Texte geschrieben sind, treffen sie sich in Kleingruppen und lesen sich gegenseitig die Texte vor. Dazu folgen Spontanreaktionen von den Mitschülern. Danach werden nacheinander die besprochenen Texte nach sprachlichen und inhaltlichen Aspekten untersucht. Als dritter Schritt folgt die gemeinsame Rechtschreibkorrektur. Im Anschluss daran nimmt der Lehrer noch eine Rechtschreibkorrektur vor, erst dann dürfen die Kinder ihre Texte auf „Veröffentlichungspapier" übertragen. Den Schluss der Schreibkonferenz bildet die Veröffentlichung der Texte z.B. als besondere Autorenlesung oder Dichterstunde. Jetzt kann die gesamte Klasse zu den einzelnen Texten Stellung nehmen.

Sofort-Gespräch *Konfliktlösungsmethode* – Eine Gesprächstechnik, die Kindern und Jugendlichen in der Gruppe helfen soll, unangemessenes Verhalten sofort nach dem entsprechenden Vorfall zu analysieren und Auswege und Lösungen zu finden.

W-Fragen *eine Schreibmethode* – Ein strukturierter Ansatz, der beim Schreiben eines Textes hilft. Die Kinder und Jugendlichen beantworten dabei systematisch die Schlüsselfragen „Wer? Was? Wann? Wo? Warum? Wie?"

Literatur- und Internettipps

Literatur

Beddies, Kerstin:
Vermittlung von Lernstrategien in der Grundschule. Forum Erziehungswissenschaften, Band 3. Für alle Schulstufen.
Martin Meidenbauer Verlag, 2006.
ISBN 978-3-89975-613-5

Dickinson, Chris; Waterhouse, Philip:
Lehren und Lernen optimieren.
Unterrichtsvorbereitung, Unterrichtsmethoden, Klassenraumgestaltung. Für alle Schulstufen.
Verlag an der Ruhr, 2005.
ISBN 978-3-86072-973-1

Frick, Rene; Mosimann, Werner:
Lernen ist lernbar.
Eine Anleitung zur Arbeits- und Lerntechnik.
Für alle Schulstufen. Sauerländer Verlag, 2002.
ISBN 978-3-464-27953-3

Klein, Kerstin:
So erklär ich das.
60 Methoden für produktive Arbeit in der Klasse.
Für alle Altersstufen. Verlag an der Ruhr, 2002.
ISBN 978-3-86072-733-1

Klein, Kerstin:
KlassenlehrerIn sein.
Das Handbuch. Strategien, Tipps, Praxishilfen.
Für alle Schulstufen. Verlag an der Ruhr, 2006.
ISBN 978-3-8346-0154-4

Mendler, Allan H.:
Wie geht das? **Uninteressierte Schüler motivieren.**
Für alle Schulstufen. Verlag an der Ruhr, 2003.
ISBN 978-3-86072-777-5

Mittelstädt, Holger:
Basics für Junglehrer.
Der optimale Einstieg in den Arbeitsplatz Schule.
Für alle Schulstufen. Verlag an der Ruhr, 2006.
ISBN 978-3-8346-0063-9

Stücke, Uta:
Lern- und Konzentrationstraining im 5. und 6. Schuljahr.
Verlag an der Ruhr, 2001.
ISBN 978-3-86072-656-3

Internet

www.ag-lernen.de
Eine vielseitige Übersicht u.a. zu Lerntypen, Lernstörungen, Lernbehinderungen und normale menschliche Vielfalt (neurologische Vielfalt).

www.psychologie.uni-freiburg.de/einrichtungen /Paedagogische/lernen/strategie/stratfram.html
Kreative Seite, die sowohl Schülern, Lehrern als auch Studenten auf kreative Weise vermittelt, wie man sich den Inhalt von Texten anhand von Lernstrategien effektiv merken kann.

www.verlagruhr.de
Die in diesem Werk angegebenen Internetadressen haben wir geprüft (Stand Juli 2007). Da sich Internetadressen und deren Inhalte schnell verändern können, ist nicht auszuschließen, dass unter einer Adresse inzwischen ein ganz anderer Inhalt angeboten wird. Wir können daher für die angegebenen Internetseiten keine Verantwortung übernehmen.